증거 기반 통일교육

춘천교육대학교 통일교육 총서 02

증거 기반 통일교육

Evidence-based Unification Education

추병완 최윤정 김진하
이희지 이동현 전성은

한국문화사

머리말

이 책은 춘천교육대학교 통일교육 선도대학 사업단의 연구 성과를 반영한 것이다. 춘천교육대학교 통일교육 선도대학 사업단은 이 책을 발간하면서 증거 기반 교육의 관점에서 통일교육을 바라보는 데 초점을 맞추었다. 이 책의 내용을 간략하게 소개하면 다음과 같다.

1장에서 춘천교육대학교 추병완 교수는 통일교육의 실효성을 높이기 위한 대안으로 '증거 기반 교수'의 개념과 필요성을 제시한다. 증거 기반 교수는 기존 통일교육이 정권의 대북 정책에 따라 쉽게 변형되거나 교사 중심의 방식으로 학생의 참여를 유도하지 못해 신뢰와 관심을 얻지 못했던 한계를 극복하기 위한 접근이다. 이는 과학적 연구 결과와 교사의 전문성, 학생의 맥락을 통합하여 통일교육의 효과를 높이고 사회적 정당성을 확보하는 것을 목표로 한다. 따라서 증거 기반 교수법의 적용은 통일교육을 이념적 접근에서 벗어나 지속 가능하고 신뢰받는 교육으로 전환시키는 핵심 전략이 될 수 있다.

2장에서 춘천교육대학교 최윤정 교수는 통일교육이 단순한 지식 전달을 넘어, 분단과 갈등의 현실 속에서 비판적 사고와 민주적 소통 역량을 기르는 시민교육으로 전환되어야 함을 강조한다. 이를 위해 제시된 '건설적 논쟁수업'은 상반된 입장을 구조화된 절차 속에서 탐색·반박·통합하는 협동학습 전략으로, 학생들이 다양한 관점을 경청하고 조율하며 공동의 해법을 모색하도록 돕는다. 특히 "북한의 인권 문제를 통일보다 우선시해야 하는가?"라는 주제를 다룬 실제 적용 사례에서는 학생들이 찬반 입장을 맡아 자료 조사, 입장 옹호, 상호 반론, 입장 바꾸기, 공동 결론 도출의 과정을 거치며 인권과 통일의 관계를 다각도로 성찰하도록 설계하였다.

3장에서 개봉중학교 김진하 교사는 프로젝트 학습이 통일교육에서 가지는 효과성과 적용 가능성을 제시한다. 프로젝트 학습은 학습자가 주도적으로 주제를 탐구하며 문제를 해결하는 과정 중심의 수업 방식으로, 비판적 사고력·문제해결력, 협동·의사소통 능력, 학습 참여 동기를 향상시키는 데 효과적이다. 특히 세대 간 통일 인식 차이를 분석하고 평화통일 의식을 함양하는 '통일의식 함양 프로젝트' 수업에서는 세대별 통일 여론 그래프 분석, 인터뷰·설문 조사, 창의적 산출물 제작과 발표, 자기·동료 평가 등 단계별 활동지를 활용하여 학생들이 통일 문제를 자신의 과제로 인식하고 주체적으로 해결 방안을 모색하도록 유도한다. 이러한 실천은 증거 기반 통일교육의 효과성을 높이고, 남북 사회 통합을 준비하는 시민적 역량을 기르는 데 기여할 수 있다.

4장에서 시흥능곡중학교 이동현 교사는 직소 모형을 활용한 통일교육의 이론적 배경과 실천 방안을 제시한다. 직소 모형은 학습 과제를 분담·통합하는 협동학습 전략으로, 학생 간 상호의존성과 개별 책무성을 강화하여 학업 성취뿐 아니라 집단 간 편견 감소에 효과가 있다. 특히 통일교육에서 중요한 북한에 대한 이해와 편견 해소를 위해, '북한을 어떻게 이해해야 할까?'라는 주제로 실제 수업을 설계하였다. 이 수업은 '북한에 관한 상반된 관점과 올바른 이해', '정치', '사회', '문화' 등 주제를 나누어 전문가 모둠과 원 모둠 활동을 거치며 서로의 학습 내용을 가르치고 종합하도록 설계되었다. 이러한 사례는 직소 모형이 증거 기반 통일교육의 실천적 전략으로서 가지는 교육적 타당성과 가능성을 보여준다.

5장에서 오주중학교 이희지 교사는 문제 중심 학습에 기반한 통일교육의 필요성과 적용 방안을 제시한다. 문제 중심 학습은 학습자가 실제적이고 복잡한 문제 상황을 해결하는 과정에서 자기주도성과 협력적 문제 해결 능력을 기르는 데 효과적인 교수·학습 방법으로, 통일 이후 사회의 갈등과 과제를 다루는 데 적합하다. 실제 수업 적용 사례로 제시된 '남북 학생 갈등 해결방안 찾기'에서는, 통일 후 한 학급에서 남한 학생들이 선호하는 자율동아리와 북한 학생들이 익숙한 교사 지도 '소조활동'을 둘러싼 갈등 상황을 설정하였다. 이 사례를 통해 학생들이 문제 명료화, 원인 분석과 정보 수집, 개별 탐구, 정보 공유와 재분석, 실행 계획 수립 및 발표, 성찰·평가의 단계를 거치며 갈등의 원인을 다각도로 파악하고 실행 가능한 해결책을 도출할 수 있도록 교수학습 과정을 설계하였다.

6장에서 오류남초등학교 전성은 교사는 통일교육이 단순한 정보 전달을 넘어 학습자가 문제에 공감하고 창의적으로 해결책을 모색하는 역량을 길러야 한다고 강조하며, 이를 위한 전략으로 디자인 싱킹을 제시한다. 디자인 싱킹은 공감하기, 정의하기, 아이디어 도출, 프로토타입 제작, 테스트 등의 절차를 통해 복잡하고 모호한 통일 문제를 재구성하고, 다양한 이해관계자의 관점을 반영하며, 실질적인 해결방안을 창출하도록 돕는다. 예를 들어, '바람직한 통일의 방향'을 주제로 한 수업에서는 학생들이 남북한 문화 차이와 통일 사례를 조사하고, 브레인스토밍과 SCAMPER 기법으로 창의적인 통일 방안을 구상한 뒤 포스터나 영상 등으로 구체화하여 발표·수정하는 활동을 진행한다. 이러한 과정은 비판적 사고, 협업 능력, 자기효능감을 향상함으로써 통일 이후 사회를 대비한 실천적 시민 역량을 함양하는 데 기여할 수 있다.

종합하면, 이 책은 교육연구자와 현장 실천가들이 학술적으로 효과가 입증된 교육 방법을 바탕으로 통일교육을 구현해야 함을 강조하며, 이를 위한 구체적인 수업 기법과 적용 사례를 제시한다. 이 책의 출간을 위해 애써주신 춘천교육대학교 산학협력단과 한은영 연구원, 그리고 어려운 여건에도 흔쾌히 출판을 맡아주신 한국문화사 관계자 여러분께 깊이 감사드린다. 이 책이 증거 기반 통일교육의 확산과 내실화를 위한 토대가 되기를 기대한다.

2025년 8월

대표 저자 추병완

목차

제3장

프로젝트 학습에 기반한 통일교육

제4장

문제 중심 학습에 기반한 통일교육

제5장

직소(Jigsaw) 모형에 기반한 통일교육

제6장

디자인 싱킹에 기반한 통일교육

제1장

증거 기반 교수의 개념과 필요성

추병완(춘천교육대학교 교수)

일부 중세 농부들은 보름달이 뜰 때 밭에 소의 피를 뿌리곤 했는데, 이것은 소의 피가 땅의 비옥도를 높인다고 오해했기 때문이다. 농부들은 무슨 이유에서 소의 피를 뿌리는 것이 효과가 있다고 생각했을까? 만약 여러분이 그 농부들에게 물어봤다면, 그들은 '모두가 그렇게 하고 있다.'라고 말했을 것이다. 한때 의사들은 빈혈로 고통받는 환자에게 출혈을 일으키고, 관절염을 앓고 있는 관절에 벌침을 투여했다. 그 이유는 무엇일까? 당시에는 다른 모든 의사가 그렇게 했고, 그 모든 의사가 틀릴 수 없다는 믿음이 존재했기 때문이다. 사람들은 종종 일반적인 관행을 최선의 관행으로 착각하며, 확실한 증거를 사용하여 스스로 생각하는 것보다 군중의 편안함을 더 선호하는 것 같다(Petty, 2009: 1).

하지만 오늘날 의학과 농업은 이제 모두 '증거 기반'이며, 교육도 그 예를 따르는 중이다. 그런 전례를 따르는 것은 결코 부끄러운 일이 아니다. 인간이 학습하는 방법보다 간과 폐가 어떻게 작동하는지, 식물이 어떻게 자라는지 알아내는 것이 더 쉽다. 하지만 지금 우리는 인간 학습자가 학습하는 방법에 관하여 많은 것을 알고 있으며,

그에 따라 우리의 관행을 바꿔야 한다.

사실 지구상에 남북한처럼 오랜 기간 분단된 채로 사는 나라가 희소하고, 분단 극복과 평화 구축을 위한 방식으로 통일교육을 실행하는 나라가 거의 없기에 통일교육은 그 효과성 제고를 위해 따라야 할 모범적인 교육 모델의 부재 속에서 지금까지 학교 교육의 한 축을 담당하였다. 특히 통일교육은 정권과 무관하게 일관된 방식으로 실행되어야 하지만, 실상은 정권의 대북 정책 방침에 따라 그 틀과 원칙이 쉽게 변형되는 우여곡절을 겪는 중이다. 통일교육의 정치적·이념적 편향성은 통일교육이 특정 정치적 입장에 치우쳐 교수와 학생의 신뢰를 얻지 못한 채 학교 교육의 주변부를 겉돌게 만든다. 통일교육의 교수 방법 또한 도덕 교과를 비롯한 타 교과의 교수 방법 중에서 남북 관계나 통일 문제에 적용하기에 쉬워 보이는 방법을 통일교육에 그대로 적용하는 수준을 벗어나지 못했다. 동시에 대다수 교수 방법이 교사 중심 교수 방법이라 학생들의 삶과 경험에 기반한 참여 유도가 매우 미흡했다. 통일교육의 내용은 주로 도덕과 사회 교과를 통해 다루어지고 있지만, 통일과 관련된 감정, 공감, 도덕 판단 등을 다루는 방식이 어설프고 부족하여 학생들의 흥미와 관심을 끌지 못했다.

교수 방법의 측면에서 이러한 문제를 해결하기 위해서는 통일교육이 더 효과적인 교수 전략과 학습자 중심의 설계에 근거해야 하며, 이것은 곧 증거 기반 교수 방법의 적용 필요성과 이유를 뒷받침한다. 통일교육의 실효성을 높이기 위해서는 단순한 이상론적 접근이나 정치적 도구화가 아닌, 과학적 근거에 기반한 실천적 전략이 필요하다. 증거 기반 교수 방법은 이러한 요구에 시의적절하게 부합하는 접근으로, 학습자의 인지적·정의적·행동적 변화를 이끌 수 있는 강력한 도구가 될 수 있다.

1 증거 기반 교수의 개념 정의

증거 기반 실천(evidence-based practice)은 과학적 연구 결과를 실천 현장에 적용하여 더 효과적이고 책임 있는 의사결정을 지향하는 접근이다. 처음에는 의학 분야에서 임상 결정을 과학적 근거에 기반해 내리기 위해 등장하였으나, 점차 다양한 전문 영역에서 핵심 원리로 채택되었다. 1990년대 초, 캐나다 맥마스터 대학의 사켓(Sackett)과 그 동료는 '증거 기반 의학(evidence-based medicine)'이라는 개념을 정식으로 제안하였다. 증거 기반 의학은 개별 환자 진료에서 현재 이용 가능한 최선의 외부 연구 증거를 의사의 임상 전문성과 통합하여 사용하는 접근 방식을 의미한다(Sackett et al., 1996: 71-72). 이 방식은 기존의 전통적 의학이나 관습, 직관에만 의존하는 의사결정에서 벗어나, 과학적으로 검증된 정보를 중심에 두고 진료를 결정하는 것을 지향한다. 이것은 최선의 외부 증거, 임상의 전문성, 환자의 가치 및 선호를 통합하는 의사결정 모델을 의미했다. 2000년대 이후, 사회복지와 심리학에서도 증거 기반 실천이 강조되었다. 미국사회복지교육협의회(CSWE)는 증거 기반 실천을 사회복지교육의 핵심 기준으로 채택하였다. 심리학 분야에서도 치료 효과의 과학적 근거를 바탕으로 치료법이 표준화되기 시작했다. 미국심리학회(APA, 2005: 1)는 증거 기반 실천을 "환자의 특성, 문화, 선호를 고려한 임상 전문성과 최상의 사용 가능한 연구 결과의 통합"이라고 정의했다. 카즈딘(Kazdin, 2008: 147)은 증거 기반 치료를 "통제된 실험에서 치료적 변화를 유도한 개입이나 기법"이라고 정의했다. 교육 분야에서는 증거 기반 교수(evidence-based instruction)가 강조되었고, 공공정책에서도 '무엇이 효과적인가(What Works)'라는 슬로건 아래 정책 결정에 과학적 데이터를 반영하려는 노력이 나타났다.

교육 영역에서 증거 기반 실천이 본격적으로 부각된 계기는 2001년 미국의 낙오방지법(No Child Left Behind Act)의 영향을 크게 받았다. 이 법률은 과학적으로 입증된 연구에 기반한 교수 전략과 프로그램의 사용을 명시적으로 요구하였다. 이는 그동안 교육 실천이 경험적 전통, 이념, 직관 등에 의존해 왔던 방식에서 벗어나, 객관적인 연구 결과를 근거로 실천을 구성해야 함을 명문화한 것이다. 이러한 정책 변화는 교육 연구의 방법론에도 영향을 주었다. 무작위 대조군 실험(randomized controlled trials), 단일사례연구(single-subject design), 메타분석(meta-analysis) 등 실증적 연구 방법의 활용이 강조되었으며, 이는 곧 교육 개입의 효과를 확보하려는 움직임과 만나며 증거 기반 실천의 기반을 더욱 공고히 하는 계기를 마련하였다.

주지하는 바와 같이, 21세기 교육 환경은 교수·학습의 질적 향상 필요성과 교육자의 전문성 강화라는 두 가지 과제를 동시에 요구한다. 이러한 배경 속에서 등장한 증거 기반 실천 혹은 증거 기반 교육은 교육 현장에서 효과성이 입증된 전략을 활용하여, 학습자 중심의 수업 환경을 형성하고, 학습 성과를 극대화할 수 있는 유력한 접근법으로 부상하고 있다. 그러므로 교육 분야에서 증거 기반 실천은 단순한 기술적 적용이 아니라 연구 증거, 교사의 전문성, 학습자의 맥락 정보를 통합하여 의사결정을 수행하는 전문가의 실천 행위다.

메츠와 그 동료(Metz, Espiritu & Moore, 2007: 1)는 방과 후 교육 환경에서의 증거 기반 실천을 "아이, 청소년, 가족, 지역사회의 특성, 문화, 선호 등의 맥락 안에서 방과 후 전문성과 최상의 사용 가능한 연구 결과를 통합하는 것"이라고 규정했다. 학교 환경에 이 정의를 적용하여 우리는 증거 기반 교수를 다음과 같이 정의할 수 있다. 증거 기반 교수란 학생, 교사, 학교, 지역사회의 특성 안에서 교수 기법과 전문성에 대한 최상의 사용 가능한 연구를 양심적으로, 명확하게, 신중하게 통합하는 것이다.

2 증거 기반 교수의 기본 전제와 원리

사켓과 그 동료(Sackett et al., 2000)는 증거 기반 의료를 "임상 전문가의 의견과 대상자에게 있어서의 가치와 최상의 연구적 증거를 통합시키는 것"으로 정의하고, 다음과 같은 증거의 3요소를 제시하였다. 여기서 연구적 증거는 대상 지향적 임상 연구로부터 오는 것이다. 임상전문가의 의견은 임상 기술과 과거 경험을 활용하는 임상 전문가의 능력을 의미하고, 대상자에게 있어서의 가치는 각 대상자들이 가지고 있는 독특한 선호도, 관심 그리고 기대를 의미한다(홍성두·여승수, 2011: 171-172에서 재인용).

이를 근거로 유추하면, 증거 기반 교수는 다음의 세 가지 기본 전제 위에서 작동한다. 첫째, 증거 기반 교수는 연구 증거와 전문성을 통합한다. 증거 기반 교수는 무작위 통제 실험(RCT), 메타 분석, 종단 연구 등 경험적 타당성을 갖춘 연구 결과를 교육 현장에 도입하면서, 이를 교사의 경험적 지식 및 교육철학과 융합하는 데 의미가 있다. 이것은 교육자를 일방적 전략 적용자가 아닌, 능동적인 해석자로 자리매김하게 한다. 둘째, 증거 기반 교수는 맥락과 가치를 반영한다. '무엇이 효과적인가?(what works?)'라는 질문은 교육의 복합성과 맥락을 설명하기에는 불충분하다. 학습자 개인의 특성, 문화, 지역사회 조건, 교육목표 등의 요소가 고려되어야 하며, 이러한 가치 기반 실천의 강조는 교육의 민주성과 정당성을 보장하는 기초가 된다. 셋째, 증거 기반 교수는 반성적 실천과 지속적 개선을 요구한다. 증거 기반 교수는 고정된 전략의 반복이 아니라, 실천 중(in-action) 및 실천 후(on-action)의 성찰(reflection)을 통해 교수 전략을 지속적으로 점검·조정하는 순환적인 실천 과정이다. 이것은 증거 기반 교수가 교사의 반성적 실천(reflective practice)을 요구한다는 것을 의미한다.

요약하면, 증거 기반 교수는 교사를 기술적 집행자에서 비판적 교육자로 전환하는 데 필수적인 역할을 한다. 특히 증거 기반 교수는 반성적 실천, 협력적 성찰 문화, 지속적인 전문성 개발을 강조하며, 이는 곧 교육 현장에서의 질적 전환을 가능하게 한다. 슬래빈(Slavin, 2002: 20)이 언급했듯이, 증거 기반 교수는 단기적 유행이 아니라, 교육의 질적 전환을 위한 필수적인 구조 변화다. 또한, 증거 기반 교수는 교수 전략의 단순 적용을 넘어서, 교육의 윤리적·민주적·가치적 차원을 통합적으로 고려하게 한다는 점에서 교육학적 의미가 깊다.

증거 기반 교수와 관련하여 한 가지 유념할 사항은 교사가 교수 전략과 방법을 선택할 때 연구 증거에 대한 강력한 기반을 갖추는 것만이 유일한 고려 사항은 아니라는 사실이다. 교수 전략과 방법은 현재 학교와 교실의 맥락과 실제 현실 내에서 실행되어야 한다. 교수 전략과 방법은 광범위한 교육 경험을 바탕으로 한 전문적인 지혜에 크게 의존한다. 또한 교육 개입은 문화적으로 적절해야 하며 부모와 교사의 가치, 지식, 기술, 경험, 가족 및 지역사회의 문화 및 가치 체계와 일치해야 한다. 증거 기반 교수의 실천은 일반적으로 최고의 최신 연구 증거와 임상 전문 지식 및 관련 이해관계자 관점을 통합하는 것으로 이해된다(Schlosser & Sigafouss, 2008: 61). 따라서 효과적인 증거 기반 교수 실천은 의미 있는 변화, 관련 교사의 지혜와 기술, 학교 및 지역

사회 문화와의 일관성에 대한 광범위한 연구 증거가 수렴할 때 발생한다.

이제 증거 기반 교수의 기본 원리를 제시하면 다음과 같다(Petty, 2009: 165). ① 최상의 가용 연구 증거 활용: 과학적 타당성이 검증된 연구 결과(예: 메타분석)를 수업 설계에 반영한다. ② 교사의 전문적 판단과 통합: 자동적 적용이 아닌 비판적 수용과 맥락화 과정을 교사의 전문성으로 수행한다. ③ 학습자 중심의 적용: 학습자의 수준, 동기, 배경, 선호를 반영하여 전략을 선택하고 조정한다. ④ 증거 위계의 인식: 증거의 질과 신뢰도에 따라 적용 우선순위를 판단한다(예: 효과 크기 고려). ⑤ 피드백과 형성 평가의 활용: 학습 증거에 기반하여 교수법을 조정하는 데 있어 반복적 평가가 핵심이다. ⑥ 협력적 반성 공동체 구성: 동료 교사들과 협업하여 전략 적용 결과를 공유하고 분석한다. ⑦ 연구와 실천의 연계: 교육 연구와 현장 실천 사이 간극을 좁히기 위한 수업 연구, 수업 컨설팅 등을 활용한다.

③ 증거 기반 교수의 출처

개입의 효과에 대한 연구 증거는 개별 연구와 리뷰를 보고하는 논문, 메타 분석, 연구 문헌의 종합 등 다양한 출처에서 찾을 수 있다. 교육 전략과 개입을 뒷받침하는 증거 기반의 가장 유용한 네 가지 정보 소스는 해티(Hattie), 교수 학습 툴킷(Teaching and Learning Toolkit), 최상의 증거 백과사전(Best Evidence Encyclopedia)와 What Works Clearinghouse에서 제공한 메타 분석의 대규모 종합이다(Hornby & Greaves, 2022: 5).

호주의 해티(Hattie, 2009)는 교육 분야의 성취도와 관련된 800개 이상의 메타 분석을 종합한 논문을 발표했으며, 이를 통해 0.4가 교육 개입의 평균 효과 크기임을 발견했다. 해티의 메타 분석 종합은 온라인에서 정기적으로 업데이트된다. 그는 효과 크기가 0.4보다 크면 개입의 평균 이상의 영향을 나타내므로 교수 전략을 선택할 때 고려하는 것이 중요하다고 보고했다. 해티 랭크는 자신의 종합에 포함된 개입의 효과 크기를 순서대로 정렬하여 어떤 것이 평균 이상의 영향을 미치고 어떤 것이 평균 이하의 영향을 미치는지 쉽게 확인할 수 있도록 했다. 예를 들어, 보고된 효과 크기의 선택은 다음과 같다. 형성 평가는 0.90, 학생-교사 관계는 0.72, 협동학습은 0.59, 숙제는 0.29, 능력별 집단화는 0.12, 유급은 -0.16이다. 이러한 결과는 형성 평가, 향상된 학생-교사 관계, 협동학습의 사용이 모두 효과적임을 나타낸다. 따라서 이는 증거 기반 전략으로 간주되며 학교에서 널리 사용되어야 한다. 또한 숙제와 학급 간 능력 그룹화 사용이 덜 효과적이므로 권장되지 않음을 시사한다. 또한 유급은 교육 성취도에 부정적인 영향을 미칠 가능성이 높으며 증거 기반 실천이 아니므로 피해야 한다.

교수 학습 툴킷은 영국 교육부의 초기 자금 지원을 받아 독립적인 보조금 조성 자선 단체인 교육 기부 재단(EEF)에 의해 개발되었으며, 어린이와 청소년의 교육 성취도를 높이는 데 전념하고 있다. 교수 학습 툴킷은 무작위 대조 실험이나 준과학적 설계를 사용하여 개입을 평가하는 데 중점을 둔 증거 기반 프로젝트에 투자한다. 이러한 평가 결과는 교수 학습 툴킷에 포함되어 있다. 이는 다양한 개입에 대한 증거를 요약하여 학교가 어떤 교육 전략과 프로그램을 선택해야 하는지에 대한 엄격한 증거를 제공한다. 각 개입에 대해 툴킷은 비용 효율성, 연구 증거의 강도 및 영향 크기에 대한 평가를 제공한다. 예를 들어, '피드백'은 적당한 양의 증거를 바탕으로 저비용에 대한 영향력이 높은 것으로 평가되므로 증거 기반 실천으로 간주할 수 있다. 메타인지는 광범위한 증거를 바탕으로 저비용에 대한 영향력이 매우 높은 것으로 평가되며, 증거 기반 실천으로도 간주할 수 있다. 학습 스타일은 제한된 증거를 바탕으로 저비용에 대한 영향력이 매우 낮은 것으로 평가되며, 설정 또는 스트리밍은 중간 증거를 바탕으로 저비용에 부정적인 영향을 미치는 것으로 평가된다. 따라서 이 두 가지 개입 중 어느 것도 증거 기반 실천으로 간주되지 않는다.

최상의 증거 백과사전은 다양한 주제에 대한 연구 자료를 포함하는 웹사이트다. 이 웹사이트는 미국 교육부의 자금 지원을 받아 슬래빈(Slavin)에 의해 설립되었으며, 교육자와 연구자들에게 다양한 교육 개입을 뒷받침하는 증거의 강도에 대한 정보를 제공하는 것을 목표로 하고 있다. 최상의 증거 백과사전은 많은 저자와 단체에서 작성한 과학적 리뷰의 요약과 각 리뷰의 전문 링크를 제공한다. 최상의 증거 백과사전에 포함되기 위해 선정된 리뷰는 메타 분석 또는 종합으로, 현재 교육자가 이용할 수 있는 프로그램의 방법론적 품질 기준을 충족하는 증거 기관에 엄격한 과학적 기준을 적용한다. 교육적 개입은 종합에 포함된 연구에서 발견된 평균 효과 크기에 따라 강력하거나 중간 정도이거나 제한적이거나 효과의 증거가 없는 것으로 평가된다. 해티의 평균 0.4와는 달리, 최상의 증거 백과사전은 가장 엄격한 방법론을 가진 연구만 포함하고 있기 때문에 최상의 증거 백과사전에서 보고된 효과 크기가 0.25 이상인 개입은 증거 기반 실천으로 간주될 수 있다.

미국 교육부 산하의 What Works Clearinghouse는 교육 또는 개입 접근 방식의 효과를 조사한 연구 논문의 리뷰를 종합한다. 각 논문에 대해 방법론에 대한 상세한 평가를 거친 후 엄격한 검토를 수행하고, 그 접근 방식에 대한 과학적 지원의 강도를 요약한다. What Works Clearinghouse는 엄격한 포함 기준을 가지고 있으며, 그 효과를 뒷받침하는 가장 엄격한 연구 증거를 가진 교육적 개입만을 포함한다. 따라서 아래에서 논의되는 독서 회복(Reading Recovery)은 What Works Clearinghouse에 포함되어 있으므로 증거 기반 실천으로 간주될 수 있다.

독서 회복은 1970년대 뉴질랜드에서 마리 클레이 교수에 의해 개발되었으며, 뉴질랜드, 호주, 영국, 미국을 포함한 전 세계 여러 나라에서 연구되고 실행되어 30년 넘게 운영되고 있다. 이 프로그램은 학교 1학년 이후 읽기와 쓰기에 어려움을 겪는 가장 낮은 성취도를 가진 아이들에게 과외를 제공하는 단기 개입이다. 훈련된 읽기 회복 교사들은 12~20주 동안 매일 30분씩 일대일로 교육을 제공한다. 이 프로그램은 주류 교실 문해 교육을 보완하며, 각 학생의 필요에 맞춘 개별 수업을 맞춤화하여 읽기 및 쓰기 전략 개발을 촉진하는 것을 목표로 한다. 독서 회복이 증거 기반 실천으로 간주되는지 확인하기 위해 해티(2009)의 책, 최상의 증거 백과사전, 그리고 What Works Clearinghouse에서 세 가지 주요 출처를 확인할 수 있다. 해티는 교육 개입에 대한 연구를 종합한 결과, 독서 회복이 아동의 성취 수준에 평균 이상의 영향을 미치며 효과 크기가 0.5라는 사실을 발견했다. 최상의 증거 백과사전에는 효과성이 높은 강력한 증거 독서 프로그램 목록에 독서 회복이 포함되어 있다. What Works Clearinghouse는 독서 회복이 검토된 26개의 초급 독서 프로그램 중 일반적인 독서 성취에 대한 전반적인 효과성 평가가 가장 높다고 보고한다. 따라서 독서 회복이 연구 증거에 매우 강력한 기반을 둔 개입이므로 증거 기반 실천으로 간주된다는 것은 분명하다. 따라서 위에서 논의한 바와 같이 학교의 실제 현실, 이용 가능한 전문 지식 및 관련 이해관계자 관점과 호환되는 한, 독서 회복이 사용되는 교육 시스템에서 효과적일 가능성이 매우 크다(Hornby & Greaves, 2022: 6).

④ 증거 기반 교수에 대한 비판

증거 기반 교수는 전혀 논란이 없는 개념이 아니다. 무엇이 증거에 해당하는지를 정의하는 문제, 교육 환경에 의학이나 농업 모델을 적용하는 것의 적절성 여부 판단, 증거 기반 교육이 갖는 관리적 성격, 교육 연구와 실제에서 가치의 역할, 그리고 실천에 기반이 될 만큼 충분히 축적된 지식이 있는지에 대한 문제 등 여러 중요한 쟁점을 두고 연구자들과 교육자들 사이에 의견이 엇갈린다.

먼저 이론적 측면에서 비에스타(Biesta, 2007; 2010)는 교육 연구에서 증거 기반 실천(evidence-based practice)의 확산이 교육의 본질적인 목적과 민주적 가치에 어떤 영향을 미치는지를 비판적으로 고찰한다. 그는 무엇이 효과적인가라는 질문이 교육 실천에 있어 중심적인 판단 기준으로 자리를 잡는 것이, 오히려 교육을 수단적(instrumental)으로만 이해하게 하며, 교육의 규범적·민주적 차원을 약화시킨다고 주장한다. 특히 그는 증거 기반 실천이 과학주의적 합리성(scientific rationality)의 일방적 강조를 통해 교육자의 전문성과 교육 공동체 내에서의 가치 판단, 대화, 성찰의 공간을 축소하며, 그 결과로 민주적 정당성을 훼손한다고 지적한다. 그는 교육이 단순한 기술적 문제만이 아니라 가치에 기반한 실천임을 강조하면서, 교육 연구는 무엇이 효과적인가에 대한 답만이 아니라 무엇이 바람직한지 혹은 무엇이 의미 있는지에 대한 질문도 함께 탐구해야 한다고 주장한다. 결론적으로, 비에스타는 증거 기반 실천의 효과 중심적 담론이 교육의 복합성과 목적론적 본질을 간과하며, 교육 실천자와 학습자, 그리고 공동체가 함께 참여하는 민주적 의사결정 구조를 약화할 수 있다고 보았다. 그는 교육 연구가 기술적 합리성만이 아닌, 해석적·비판적 관점과 윤리적 고려를 포괄하는 다원적 접근을 지향해야 한다고 제안한다.

해머슬리(Hammersley, 2005; 2013)는 증거 기반 접근(evidence-based approach)이 교육과 같은 복합적인 실천 분야에서 어떻게 오도되는지, 그리고 그것이 전문가의 판단, 윤리, 맥락, 가치 판단을 어떻게 약화하는지를 지적한다. 증거 기반 실천에 대한 그의 비판을 7가지로 구분할 수 있다.

첫째, 연구가 곧 정책이나 실천을 결정해야 한다는 신화에 대한 비판이다. 연구가 말해주는 대로 실천하면 된다 관점은 실천 현장의 복잡성과 도덕적 판단을 간과한다. 해머슬리는 이러한 접근이 연구의 역할을 과대평가하며, 실천가의 전문성과 상황 판단을 경시한다고 본다.

둘째, 인과관계 중심의 접근 방식에 대한 비판이다. 무엇이 효과적인가(what works)에 대한 집착은 실증주의적이고 협소한 인과적 모델에 기초한다. 그러나 복잡한 교수·학습 상황은 단일한 효과로 환원될 수 없으며, 다요인적이고 맥락 의존적인 현상이다. 교육적 결과는 특정 개입에 의해 기계적으로 발생하는 것이 아니다.

셋째, 교사의 전문성 축소 비판이다. 증거 기반 모델은 교사의 전문성을 배제하고, 그들을 연구 결과를 따르는 기술자로 전락시킨다. 교사는 데이터를 수동적으로 적용하는 사람이 아니라, 상황을 해석하고 가치 판단을 하는 전문가이다. 또한, 실천에서 중요한 것은 정답이 아니라 판단과 성찰이다.

넷째, 연구의 한계와 불확실성을 인정해야 한다. 대다수 교육 연구는 불확실하며, 일반화 가능성과 해석이 제한적이다. 특정 연구 결과를 보편적인 교수 실천의 지침으로 사용하는 것은 부적절하다. 연구가 실천을 보조할 수 있으나, 선도하거나 강제할 수는 없다.

다섯째, 교육은 과학적 근거만으로 정의되지 않는다. 교육은 객관적 사실뿐 아니라, 가치와 목적, 윤리 등의 요소가 본질적으로 개입하는 영역이다. 연구는 이러한 가치적 차원을 대신할 수 없으며, 실천을 위한 도구 중 하나로 이해해야 한다.

여섯째, 정책 결정자는 연구를 자의적으로 활용한다. 정책 결정자들은 '연구 기반' 이라는 수사를 정치적 정당화 수단으로 사용하기도 한다. 때로는 증거가 정당성을 위해 선별적으로 인용되며, 실제 내용과 무관하게 오용되기도 한다.

끝으로, 비판적·해석적 접근의 중요성이다. 해머슬리는 실천을 위한 연구의 역할은 지시(directive)가 아니라 반성적(reflective)이고 해석적(interpretive)인 과정임을 강조한다. 따라서 교사는 연구를 자료로 활용하되, 자신의 맥락과 판단에 따라 비판적으로 해석하고 적용해야 한다.

요약하면, 해머슬리는 교육에서는 '무엇이 효과적인가?'가 아니라 '무엇이 의미 있고 바람직한가?"가 더 근본적인 질문이라고 주장하며, 증거 기반 담론이 복합적인 실천 세계를 획일화하고 있다는 점을 강하게 비판한다.

이렇듯 교육에서 증거 기반 실천을 둘러싼 비판은 충분히 고려되어야 하는 중요한 논의 지점이다. 그러나 그러한 비판은 증거 기반 교수의 원리를 잘못 해석하거나 제한적으로 이해했을 가능성도 존재한다. 과학적 근거는 교육에서 하나의 결정적 요인이 아닌, 더 나은 교육을 위한 출발점으로 간주되어야 한다. 증거 기반 교수는 교사의 전문성과 교육적인 판단을 배제하기보다는, 이를 강화하고 구체적인 실천적 방향을 제공한다는 점에서 오늘날 교육 현장에 반드시 통합되어야 하는 접근이다.

교육 실천에서 증거 기반 교수는 학습 효과를 증대하고, 교육 자원의 효율적 활용에 이바지한다. 체계적 증거를 토대로 한 수업 설계는 학습자의 성취를 유의미하게 향상시킨다. 예를 들어 형성평가, 피드백, 자기 조절 학습과 같은 교수 전략은 반복적으로 높은 효과 크기를 보여주고 있다. 증거 기반 교수는 어떤 전략이 효과적인지 식별함으로써, 시간과 자원을 비효율적이거나 해가 될 수 있는 교수 방법에 쏟는 낭비를 줄일 수 있다. 또한, 일각에서는 증거 기반 교수가 교사를 단순한 기술 전달자의 역할로 격하시킬 수 있다고 우려하지만, 오히려 증거 기반 교수는 교사에게 데이터 해석과 적용 역량을 요구하며 의사결정을 돕는 도구로 작용한다. 증거 기반 교수는 연구와 실천의 연결고리를 만들어 교사의 전문성을 강화하는 방식이 될 수 있다. 끝으로, 증거 기반 교수는 맥락적 특수성을 무시하지 않는다. 모든 학교와 교실 상황은 상이하며 동일한 전략이 항상 효과적이지 않다는 비판이 존재한다. 하지만 증거 기반 교수는 단지 과학적 전략의 기계적인 복제를 주장하지 않는다. 오히려 증거를 '적용하는 과정'에서 교사와 학교 행정가의 맥락적 판단을 전제로 한다. 이는 증거 기반 교수가 맹목적으로 증거에 기반하는 것이 아니라, 증거를 고려한 실천으로 해석될 수 있음을 의미한다. 증거 기반 교수는 연구 기반의 효과적인 교수법을 제공하는 데 유용할 수 있지만, 교육의 복잡성을 충분히 반영하지 못하고 교사의 전문성을 제한할 가능성이 있다는 점에서 분명 한계가 있을 수 있다. 따라서 교사는 증거 기반 실천을 절대적인 지침으로 삼기보다는, 연구 결과를 참고하면서도 개별 교실 환경과 학습자의 특성을 고려하는 균형 잡힌 접근이 필요하다.

5 통일교육에서 증거 기반 교수의 필요성과 효과

통일교육지원법에 따르면, 통일교육이란 자유민주주의에 대한 신념과 민족공동체의식 및 건전한 안보관을 바탕으로 통일을 이룩하는 데 필요한 가치관과 태도를 기르도록 하기 위한 교육을 말한다. 반공교육에서 평화교육에 이르기까지 그 명칭은 시대에 따라 달라졌지만, 전통적으로 통일교육은 몇 가지 특성을 공유했다. 첫째, 통일교육은 가치 중심적·정서 중심적 교육을 특징으로 한다. 우리의 소원은 통일이라는 식으로 학생의 감정에 호소하였고, 최근에는 평화 및 갈등 감수성, 공감, 연대의식 등 비인지적 역량 기반의 교육을 강조하였다. 둘째, 통일교육은 문화·맥락 의존성이 강하다. 특히 정권의 통일 정책, 역사적 민감성에 따라 내용과 방식이 강하게 달라졌다. 셋째, 통일교육은 장기적 내면화 과정을 추구한다. 그래서 단기 지식 평가나 결과 중심의 검증이 어려우며, 지속적인 형성과 반복이 필수적이다. 넷째, 통일교육은 정량적 평가의 어려움을 특징으로 한다. 인지 성취보다 태도 변화, 행동 실천의 결과가 중요하나, 이를 교실 수준에서 체계적으로 측정하기에는 어려움이 너무 많다. 이러한 특성은 통일교육을 교육 현장에서 불명확한 교수 목표, 분산된 학습 활동, 주관적 해석에 의존하는 기획으로 이어질 위험을 높인다

특히 학교 통일교육은 오랫동안 국가정책에 따라 실행되었고, 반북·반공 중심에서 화해·협력과 평화 지향 중심으로 전환되어 왔다. 그렇지만 학교 통일교육은 여전히 많은 문제점에 직면해 있다. 아동과 청소년의 통일 인식은 점차 무관심과 회의주의로 전이되고 있음에도, 그들의 삶과 관련된 구체적 경험이나 감성적 공감을 유도하는 교수 전략이 부족하여 학생들의 흥미를 끌지 못하고 있다. 또한, 많은 통일교육 교수 방법이나 프로그램이 성과나 변화에 대한 검증이 없이 일회성 행사나 형식적 수업으로 전락하고 있다.

이에 대한 대안으로, 효과가 입증된 교수 전략을 근거로 통일 관련 수업을 설계하고 실행하는 증거 기반 교수 활동이 요구된다. 학교 통일교육에서 증거 기반 교수 실천을 통해 우리는 몇 가지 중요한 효과를 거둘 수 있다.

첫째, 증거 기반 교수는 학생 중심·맥락 중심 전략을 가능하게 한다. 증거 기반 교수는 통일교육의 내용을 학생의 발달 수준, 실제 관심사, 지역 및 시대 맥락에 따라 구체화하는 데 효과적이다. 예를 들어, 중·고등학생에게는 '북한 청소년의 일상 이해', '가상 통일 시나리오 토론'과 같은 주제 중심 접근이 더 효과적임이 일부 연구에서 확인되고 있다.

둘째, 증거 기반 교수는 학습 효과 기반의 수업 설계를 가능하게 한다. 국내외 연구를 바탕으로 통일 인식 변화나 공감 능력 향상에 효과적인 교수법(예: 역할놀이, 문제기반학습, 협동학습, 디지털 스토리텔링 등)을 적극 반영하는 것이 가능하다. 이러한 전략들은 정서적 몰입, 상호작용 중심, 비판적 사고를 유도할 수 있으며, 학습 효과를 데이터로 확인할 수 있다.

셋째, 통일교육의 사회적 정당성과 지속 가능성을 확보한다. 증거 기반 교수는 수업의 결과(예: 학생의 인식 변화, 감정 표현, 태도의 구체화)를 정량·정성적으로 평가할 수 있도록 함으로써, 학교 교육 내에서 통일교육이 변두리에 머무르지 않고 핵심 교육

의제로 자리 잡을 수 있게 한다.

넷째, 교사의 반성적 실천과 전문성 강화에 도움이 된다. 통일교육은 정치적 민감성과 가치 판단이 개입될 수 있는 영역이므로, 교사의 주관 대신 공적 증거와 합의된 전략에 기반해 수업을 설계하고 지속적으로 반성·개선하는 자세가 중요하다. 증거 기반 교수 실천은 교사를 지침 수행자에서 반성적·실천적 교수 전문가로 전환하게 하는 기제가 된다.

6 통일교육에서 증거 기반 교수의 장애 요인과 촉진 요인

1847년, 헝가리의 의사 이그나츠 제멜바이스(Ignaz Semmelweis)는 비엔나 종합병원의 산부인과 두 개 병동 중 한 곳의 책임자로 임명되었다. 그는 자료를 수집한 후, 의사와 의대생이 근무하는 병동에서는 산모 사망률이 16%였던 반면, 조산사가 근무하는 다른 병동에서는 그 수치가 7%에 불과하다는 사실을 발견했다. 그는 또한 의사와 의대생들이 부검을 마친 직후 곧바로 분만실로 들어가는 경우가 많았고, 조산사는 부검에 참여하지 않는다는 점에 주목했다. 이에 따라 그는 의사와 학생들의 손을 통해 부검실에서 분만실로 무언가가 옮겨져 산모의 사망을 초래한다고 가설을 세웠다. 제멜바이스는 이런 문제를 해결하기 위해, 부검실을 나온 후 산부인과 환자를 진찰하기 전에 염화석회 용액으로 손을 세척할 것을 권장했다. 이 조치가 시행된 후, 의사와 학생이 근무하던 병동의 산모 사망률은 극적으로 떨어져 3%가 되었고, 이후에도 낮은 수준을 유지했다했다(Hornby & Greaves, 2022: 133).

이처럼 손 씻기와 살균이 생명을 구한다는 점이 입증되었으므로, 제멜바이스는 칭송을 받고 이 증거 기반 실천이 자신이 근무하던 병원에 표준으로 도입되리라 기대할 수도 있었다. 그러나 실제로는 그렇지 않았다. 많은 의사는 이 조치를 따르기를 거부했고, 제멜바이스는 이 권고를 계속 주장한 탓에 인기를 잃었다. 결국 그는 병원에서 해고되었고, 정신병원에 입원하게 되었으며, 그곳에서 생을 마감했다. 하지만 시간이

지나면서 제멜바이스의 연구는 국제 의료계에 점차 알려지게 되었다. 1900년대 초반, 미국 최고의 의과대학 중 한 곳의 연구자가 수술 전 철저한 손 씻기라는 증거 기반 실천의 옹호자가 되었고, 이를 표준화하기 위해 약 30년간 캠페인을 벌였다고 한다. 그러나 그는 큰 성공을 거두지 못했다. 그로부터 수십 년이 흐른 1996년이 되어서야 미국 질병통제예방센터(CDC)/보건감염예방자문위원회는 환자를 진찰하기 전 항균 비누나 물 없이 사용할 수 있는 소독제를 이용해 손을 씻을 것을 권장했다. 놀랍게도, 이러한 공식 지침이 내려진 이후에도 2007년 미국의 한 대학병원에서 수행된 연구에 따르면, 중환자실에서 환자를 진찰할 때마다 손을 씻는 의료진의 비율은 평균 54%에 불과했다(Hornby & Greaves, 2022: 134).

이 손 씻기 캠페인의 사례가 주는 핵심 메시지는, 손 씻기와 살균이 생명을 구할 수 있다는 사실이 처음 발견된 이후 실제로 이 증거 기반 실천이 의무화되기까지 오랜 시간이 걸렸다는 것이다. 또한, 공식적으로 증거 기반 실천이 되었더라도 실제로 그것이 널리 시행되는 것은 또 다른 문제라는 점이다. 이 사례가 통일교육 분야에 주는 시사점은, 효과적인 교수 전략이 증거 기반이라는 이유만으로 그것이 학교 현장에서 널리 도입되고 실행될 것이라 기대해서는 안 된다는 것이다. 오히려, 교육 현장에서 증거 기반 교수 전략이 널리 자리 잡기까지는 오랜 시간과 많은 인내를 요하는 과정이 될 수 있다. 따라서, 효과적인 교수 전략의 도입과 실행을 독려하고 이를 지속적으로 유지하기 위해서는 실행에 방해가 되는 요소들을 인식하고, 이를 촉진할 수 있는 요인들을 적극적으로 활용하는 노력이 필요하다. 이에 여기서는 학교 통일에서 증거 기반 교수 전략을 실행하고 지속시키는 데 있어서 일반적으로 직면하는 장애 요인 및 실행을 촉진하는 요인들에 대해 살펴보고자 한다.

1) 장애 요인

학교에서 증거 기반 전략을 성공적으로 구현하려면 극복해야 할 몇 가지 일반적인 장벽이 있다. 증거 기반 교수 전략의 광범위한 구현에 대한 주요 장벽은 많은 교사들이 교육 연구에 대해 가지고 있는 불신이다. 사실 교육 연구는 증거 기반 교수의 주요 원천이다. 그럼에도 교육 연구가 교사들에게 효과적으로 가르치는 방법에 대해 거의 알려주지 않는다는 오랜 불만과 오해가 있어 왔다. 이로 인해 교육 연구와 실천 사이에는 극복하기 어려운 격차가 생겼다. 전통적으로 교사들은 경험 많은 실무자와 학교 내 기존 실천을 효과적인 교수 전략에 대한 주요 정보원으로 여겨왔다.(Cook & Cook, 2011: 71) 따라서 교사들이 어떤 교수 전략을 사용할지 결정하는 전통적인 수단을 버리도록 하려면 먼저 학생 결과를 개선하는 데 있어 증거 기반 전략의 가치를 확신하고 연구 결과를 학생들에게 가장 적합한 지표로 보기 시작해야 한다. 이것은 통일교육에서도 마찬가지다. 통일교육에서 교수 방법의 효과를 검증하는 연구가 많지 않다 보니 교사들은 통일교육 연구를 효과적인 교수 방법의 정보원으로 간주하지 않는 경향이 심하다. 그래서 교사들은 통일교육 연구가 실제 수업에서 도움이 되지 않는다고 인식하며, 경험과 직관 중심의 전략을 우선시하는 경향이 있다. 연구와 실천의 괴리가 큰 경우, 교사들은 연구에 근거한 전략보다 기존 관행에 의존하게 되며 이는 통일교육에서 증거 기반 교수의 확산을 저해하는 요인이 된다.

증거 기반 교수 실천을 저해하는 또 다른 주요 장애물은 증거 기반 교수와 동의어로 자주 사용되는 최선의 관행(best practice), 연구 기반(research-based) 교수, 연구 고지(research-informed) 교수와 같은 용어의 의미에 대한 혼란이다. 그러나 이 용어들은 상당히 다른 것들을 언급한다. 많은 교사는 과거에 강력한 증거 기반이 없었던 전략을 추천하는 데 사용되었던 최선의 관행이라는 용어에 대한 냉소를 현재 증거 기반 교수로 밝혀진 전략으로 옮길 수 있다(Cook & Cook 2011: 73). 또는 교사들은 연구 기반이나 연구 고지라고 불리는 개입이 반드시 그럴 필요는 없는 견고한 연구 증거에 의해 뒷받침된다고 가정할 수도 있다. 이는 정의상 증거 기반 교수의 효과에 대한 광범위한 고품질 연구 증거와 학생들의 삶에 의미 있는 영향을 미칠 수 있을 만큼 충분한 규모의 명확한 증거가 있어야 하는 증거 기반 교수와는 대조적이다. 연구 기반 교수나 연구 고지 교수는 거의 모든 것을 의미할 수 있으며, 여기에는 자신이 기득권을 가지고 있는 권장 개입의 촉진자들이 배포한 의심스러운 품질의 연구에 기반한 것도 포함된다(Hornby & Greaves, 2022: 135). 따라서 통일교육 현장에서 교사들은 증거 기반 교수 실천이 실제로 무엇을 의미하는지, 그리고 유사하게 들리는 다른 용어들과 어떻게 다른지를 명확히 이해해야 한다. 일반적으로 증거 기반 교수는 인과관계를 추론할 수 있는 연구 설계를 사용하고, 학생의 성과에 의미 있는 영향을 미쳤다는 것을 보여주는 다수의 고품질 연구에 의해 뒷받침되는 교수 전략이나 방법을 의미한다. 따라서 증거 기반 교수는 특정 기준(연구 설계, 연구의 양, 연구의 질, 효과 크기 등)을 실천에 관한 실증적 문헌에 적용해서 확인되며, 이 과정을 증거 기반 검토(evidence-based review)라고 한다(Cook & Cook 2011: 74).

증거 기반 교수 실천의 주요 장애물은 증거 기반 교수에 대한 교사의 전문성 개발이 종종 비효율적인 것으로 간주된다는 점이다. 가장 널리 사용되는 모델인 일회성 워크숍이나 연수는 일반적으로 교사가 이후에 사용하는 교수 전략에 거의 영향을 미치지 않는 것으로 간주되며, 특히 이러한 전략의 사용에 대한 지속적인 지원이 없는 경우에는 더욱 그렇다. 통일교육에 관한 워크숍이나 연수의 기회가 실제로 매우 제한되어 있을 뿐만 아니라 그마저도 교수 방법에 특화된 워크숍이나 연수가 아닌 경우가 많으므로 교사들이 통일교육에서 증거 기반 교수에 관한 정보를 입수하는 것이 쉽지 않다. 통일교육에서 증거 기반 교수 실천이 자리를 잡으려면 교사들이 지속적 피드백과 맞춤형 코칭, 자료 기반 지도 등을 통해 실제 수업에 반영할 수 있는 실행 전략을 이해하고 체득해야 한다.

또 다른 장벽은 많은 학교에 만연한 교수 활동에 대한 전통적인 문화로, 거기에서는 오랜 세월 동안 사용되어 온 기존 관행이 일반적이다. 그래서 효과적인 교수 실천이나 관행에 관한 연구 증거에 기반한 전략을 실행하는 것이 매우 어렵다. 오랜 기간 유지해 온 수업 방식이나 학교 문화는 새로운 변화에 대한 저항을 유발하며, 특히 학교 현장에서 하향식 지시 형태의 변화는 교사의 자율성과 동기를 저하시킬 수 있다. 또한, 관성과 타성에 젖은 교사가 많은 학교일수록 증거 기반 교수와 같은 새로운 접근에 대한 이해 및 수용 가능성은 매우 낮다.

증거 기반 교수 실천은 새로운 지식과 정보의 수용, 비판적 사고, 지속적인 피드백을 요구한다. 그러나 많은 학교는 전통에 기반한 관행 유지, 위계적 의사결정, 실패를 회피하는 분위기 등으로 인해 증거 기반 교수의 도입에 저항적이다. 앞에서 일부 다루었듯이 많은 학교는 경험 중심 의존(예: 예전부터 해오던 방식을 중시), 연구에 대한 불신(예: 이론과 실천의 괴리 인식), 자율성 결여(예: 교사 주도의 전문성 개발을 억제하는 문화)의 모습을 보인다. 통일교육에서 증거 기반 교수 실천의 활성화는 학교 문화의 쇄신을 요구한다. 학교는 통일교육에 관한 단순한 지식 전달의 장이 아니라, 교사와 학생 모두가 통일교육에 관해 지속적으로 학습하고 반성하는 공동체가 되어야 한다. 이를 위해서는 교사의 전문성 개발을 일상화하는 전문적 학습 공동체가 활성화되어야 하고, 증거에 기반한 실험과 실천을 장려하는 분위기가 조성되어야 한다. 따라서 통일교육에서 증거 기반 교수를 효과적으로 확산하기 위해서는 단순한 제도 개선이나 연수 확대에 그쳐서는 안 된다. 학교 구성원 모두가 증거에 가치를 부여하고, 탐색과 협력을 장려하며, 변화에 대해 개방적인 문화로 전환되어야 한다. 이는 리더십, 의사소통, 의사결정 구조 등 학교 조직 전반의 변화를 요구한다. 실질적인 문화 혁신이 이루어질 때, 증거 기반 교수는 단기적인 유행이 아닌 지속 가능한 교육 실천으로 자리매김할 수 있을 것이다.

2) 촉진 요인

교육 분야에서 증거 기반 교수를 실천해야 한다는 문헌은 국제적으로 매우 방대하고 빠르게 증가하는 중이다. 그러나 동시에 그러한 실천이 실제로 학교 현장에 정착되는 속도는 기대만큼 빠르지 않아 여러 가지 좌절이나 비판도 존재한다. 이러한 현상은 통일교육에서도 마찬가지다. 따라서, 통일교육에서 모든 학생의 교육 성과를 향상하기 위한 다음 과제는 증거 기반 교수 실천을 가로막는 장벽을 극복하고, 그것을 학교 현장에 널리 퍼지는 실천으로 자리를 잡게 하는 것이 되어야 한다. 이에 통일교육에서 증거 기반 교수의 실천을 위한 몇 가지 촉진 요인을 살펴볼 필요가 있다.

증거 기반 통일교육을 실천하는 데에는 다양한 고려 사항이 있고, 무엇이 증거 기반 교수 방법인지를 식별하고 이를 교사들에게 전달하는 것은 시작에 불과하다. 통일교육에서 효과적인 교수는 연구 증거에 대한 인식뿐만 아니라, 교사가 경험을 통해 얻은 암묵적 혹은 누적된 지식(즉, 전문적 지혜)과 같은 연구 외적인 지식의 적용도 요구된다. 예를 들어, 교사가 증거 기반 교수 방법에 대해 알고 있다고 하더라도, 실제로 그 실천을 할지 여부, 언제 할지, 어떻게 할지를 결정하는 과정은 학습자, 교사, 학습 환경에 대한 교사의 전문적 지혜를 바탕으로 한 복잡한 인지적 의미 구성 과정의 일부다(Cook et al., 2008: 107).

교사가 증거 기반 통일교육에 헌신하고자 한다면, 먼저 이 책에서 제공하는 증거 기반 교수 방법에 대해 배우는 것이 필요하다. 하지만 그것은 어디까지나 학생의 학습 결과를 개선하기 위해 증거 기반 교수 실천을 구현하는 첫 번째 구성 요소일 뿐이다. 다른 요인들도 통일교육에서 이를 실행하는 데 도움이 된다. 먼저, 교사는 이 책에서 제공하는 증거 기반 교수 방법을 사용하기 전에 각 전략의 근거와 이론을 뒷받침하는 근거를 철저히 이해하는 것이 필수적이다. 이는 이 책의 관련 장의 본문을 읽고 사용 경험이 있는 동료 교사와 함께 해당 방법을 사용해 보기 전에 더 읽거나 대화함으로써 혼란을 사전에 해소함으로써 달성할 수 있다.

두 번째 촉진 요소는 증거 기반 교수 방법 중 하나를 사용하고 교실에서 그 방법을 적용하는 과정에서 다른 교사가 경험한 것을 관찰하거나 공유하는 기회다. 교사는 인터넷을 활용하여 해당 방법의 사용을 보여주는 여러 동영상을 시청할 필요가 있다. 이를 통해 교사는 경험이 풍부한 교사가 특정한 전략이나 방법을 어떻게 실행하는지 확인하고 학생에게 미치는 영향을 관찰할 수 있다. 직접적인 수업 관찰도 효과가 크지만, 일반적으로 동영상을 시청할 때 교사는 그 동영상을 반복해서 볼 수 있어 교사가 실행에 필요한 모든 측면을 고려할 수 있다는 장점이 있다.

세 번째 촉진 요인은 증거 기반 교수의 효과적인 구현을 보장하기 위해 단계별 또는 순서별 프로세스를 사용하는 것이다. 예를 들어, 쿡과 그 동료(Cook, Tankersley, Harjusola-Webb, 2008: 106-108)가 제안한 것처럼 첫 번째 단계는 학생이 달성하려는 목표와 일치하는 증거 기반 교수 방법을 식별하고 그것에 관한 정보를 얻는 것이다.

다음으로, 교사의 강점과 경험을 고려하여 학생의 학습 요구에 맞는 적절한 증거 기반 전략을 선택하고 이를 교육 환경에 맞게 조정한 후 필요에 따라 전략을 조정하는 것이다. 다음으로, 증거 기반 전략이 도입된 교실에서 효과적인 교수 관행을 보장하는 것이 중요하다. 마지막으로, 학생의 진도를 정기적으로 모니터링하고 필요에 따라 증거 기반 전략을 조정하거나 새로운 전략을 선택하는 것이 필수적이다.

증거 기반 교수 전략을 구현하는 네 번째 촉진 요인은 교사를 위한 효과적인 전문성 개발을 제공하는 것이다. 오돔(Odom, 2009: 53)은 계몽적인 전문성 발달(enlightened professional development)을 위한 효과적인 교사 연수는 다음과 같은 요소를 포함해야 한다고 제안했다. 첫째, 팀 구축과 협업 중심의 연수가 진행되어야 한다. 둘째, 연수 담당자는 교실 환경에서 증거 기반 전략에 대한 시연과 후속 조치를 제공하고, 교사들에게 개입 사용에 대한 피드백을 제공해야 한다. 셋째, 교사들은 증거 기반 전략을 교실에 도입하는 것에 대한 정보와 성찰을 공유하기 위해 실천 공동체를 형성해야 한다. 넷째, 교실 환경에서 사용되는 증거 기반 전략의 비디오 클립과 같은 온라인 리소스에 접근하여 유용한 정보와 사용 지침을 제공해야 한다. 다섯째, 웹 기반 비디오, 위키, 비디오 피드백과 같은 상호작용적인 시스템을 사용하여 증거 기반 전략의 구현을 지원할 수 있어야 한다.

따라서 증거 기반 교수 전략을 구현하기 위해 효과적인 전문성 개발과 단계별 프로세스가 필요할 뿐만 아니라, 교사들이 이러한 개입을 성공적으로 사용하고 유지하는 것도 중요하다. 학교는 교사들이 증거 기반 교수 전략을 사용하는 데 있어 서로를 지원할 수 있도록 실천 공동체(community of prctice)를 구축해야 한다. 그런 다음 교사들은 자신의 경험을 공유하고 특정 환경에서 개입의 효과를 모니터링하고 평가할 수 있는 '실천 기반 증거'를 생성할 수 있다. 실천 공동체라는 용어는 벵거(Wenger, 2000: 232)에 의해 제안되었으며, 공통의 관심사나 문제를 가진 사람들이 지속적으로 상호작용하며, 경험과 지식을 공유하고 함께 학습하는 집단을 의미한다. 벵거는 실천 공동체를 구성하는 핵심 요소로 다음 세 가지를 제시한다.

① 주제 영역(domain): 공동체 구성원들이 공유하는 주제나 문제

② 공동체(community): 구성원 간의 상호작용과 관계 형성

③ 실천(practice): 경험, 도구, 이야기, 방법 등 구성원들이 공유하고 발전시키는 실제 활동.

벵거는 학습은 단순한 지식 전달이 아니라 사회적 상호작용과 공동체 참여를 통해 이루어지는 과정임을 강조한다. 다시 말해, 그는 학습은 사람들이 상호작용할 때 발생하며 인간은 항상 지식이 공유되는 공동체를 형성해 왔다고 지적했다. 그는 실천 공동체가 전문 실천가들이 공유된 이해를 발전시키는 데 도움을 줄 수 있으며, 이를 통해 전문 학습을 촉진하는 데 중요한 역할을 할 수 있다고 제안했다. 실천 공동체는 그룹 구성원들 간의 신뢰와 수용을 촉진하는 협력적인 문화를 형성하여 개인이 경험을 되돌아보고 지식을 성장시킬 수 있도록 하는 협력적 네트워크다. 그들 내의 심리적 안전은 참여자들이 성장과 학습의 일환으로 기꺼이 위험을 감수하고 새로운 것을 시도할 수 있도록 지원한다. 따라서 실천 공동체에 참여하는 것은 교사들이 증거 기반 교수 전략에 대한 학습을 촉진하여 시간이 지남에 따라 실행을 가능하게 하고 지속적인 사용을 보장하는 데 중요하다.

끝으로, 교사는 증거 기반 교수 전략의 지속적인 사용에 헌신해야 한다. 널리 사용되는 전체 학교 차원의 증거 기반 전략 중 하나는 긍정적 행동 개입 및 지원(PBIS, Positive Behavioral Interventions and Supports)이다. 이것은 학생의 문제 행동이 발생한 후에 처벌하기보다는, 문제 행동을 미리 예방하고 긍정적인 행동을 장려하는 데 중점을 둔다. PBIS 접근법은 전 세계 여러 나라에서 채택되어 왔으며, 긍정적인 교실 행동 관리 시스템을 효과적으로 구축하고 학생 행동 문제를 줄이기 위한 상당한 연구 지원을 받고 있다. 그러나 PBIS에 대한 한 리뷰에 따르면, 학교의 33%가 첫 시행 후 5년이 지나면 더 이상 PBIS를 사용하지 않는다고 보고되었다(Hornby & Greaves, 2022: 137). 증거 기반 교수 실천에서는 단순히 어떤 교수 방법을 실행하느냐보다 그것을 지속적으로 어떻게 실행하느냐가 더 중요하다. 효과성을 담보하려면 증거 기반의 교수

실천이 통일교육 현장에서 정책적, 조직적, 문화적 차원에서 장기적으로 안착되어야 하며, 이는 곧 학생 성과와 교육의 질을 향상시키기 위한 핵심 전략이 된다.

다시 말하지만, 증거 기반 교수의 지속적이고 일관된 실행은 교육 현장에서 학생 성과와 교육 형평성을 실질적으로 향상하는 핵심 전략이다. 반복적인 증거 기반 교수의 적용은 학습자의 행동 및 학업 성취도를 증대시키며, 학습자의 개별적 요구를 효과적으로 지원하고 교육 기회의 평등성을 보장하는 데 중요한 역할을 한다. 더불어, 지속적인 증거 기반 교수 방법의 활용은 교사 및 교육 지원 인력을 대상으로 한 전문성 개발을 촉진하며, 이를 통해 학습 중심의 실천 공동체가 형성되어 상호 학습과 협력적 문화가 조직 내에 자리를 잡게 만든다. 나아가, 체계적인 증거 기반 교수 방법의 실행은 학교 조직 차원에서 데이터 기반 의사결정, 성찰적 실천, 협업 중심의 문화를 정착시키며, 이는 장기적으로 조직 전체의 실행 역량 및 변화 대응력을 제고시키는 결과로 이어진다. 따라서 증거 기반 교수의 지속 가능성은 단순한 교수 전략의 반복을 넘어서, 학생, 교사, 조직의 발전을 유기적으로 연결하는 교육 혁신의 토대라 할 수 있다.

지금까지 나는 통일교육에서 증거 기반 교수의 실천에 관하여 기술하였다. 증거를 무시하는 의사에게 진료받거나 교사에게 교육받고 싶어 하는 사람은 아무도 없을 것이다. 전자의 경우, 이는 생사가 걸린 문제일 수 있다. 실제로 증거 기반 의학 운동의 원동력 중 하나는 너무 많은 의사가 확실한 반대 증거에도 불구하고 습관이나 전통에 의존하고 있다는 인식이었다. 그러나 증거 기반 의학의 선구자들은 증거가 전문가의 판단을 대체해서는 안 된다는 점을 분명하게 강조했다. 즉, 일반적인 패턴이 다양한 차이를 가진 개인에게 무차별적으로 적용된다고 가정해서는 안 된다는 것이다. 그래서 그들은 이렇게 말했다. "훌륭한 의사는 개인의 임상 전문 지식과 최상의 외부 근거를 모두 활용하지만, 둘 중 하나만으로는 충분하지 않다. 임상 전문 지식이 없다면, 진료는 근거에 의해 압도될 위험이 있다. 훌륭한 외부 근거조차도 개별 환자에게는 적용되지 않거나 부적절할 수 있기 때문이다. 최신 최상의 증거가 없다면, 진료는 빠르게 시대에 뒤떨어지고 환자에게 해를 끼칠 위험이 있다."(Sackett et al., 1996: 71-72).

증거 기반 교수는 최상의 연구 증거, 교사의 전문적 지식, 학습자의 가치와 맥락을 통합하여 의사결정을 내리는 접근 방식이다. 그것의 핵심 구성 요소는 과학적·경험적 연구 증거, 교사의 전문적 판단, 학생의 상황적 맥락과 가치로 구성된다. 효과적인 증거 기반 실천은 의미 있는 변화에 관한 광범위한 연구 증거, 관련 교사의 지혜와 기술, 학교 및 지역사회 문화와의 일관성이 융합될 때 발생한다. 증거 기반 교수 실천은 단순히 연구 결과를 따르는 것이 아니라 연구와 실천, 인간의 맥락을 통합하여 최선의 결정을 내리는 과정이다. 통일교육에 관한 올바른 이해를 바탕으로 교사는 비판적 사고와 열린 태도로 증거를 해석하고, 자기 맥락에 맞는 판단을 내릴 수 있어야 한다. 궁극적으로 이러한 실천은 교육적, 사회적, 윤리적 책임을 다하는 길이기도 하다.

따라서 통일교육에서 증거 기반 교수 방법을 실행하기 위해 교사는 균형 잡힌 판단을 내려야 한다. 이것은 단순히 연구 증거만으로 결정하지 말고, 자신과 학생의 현실을 통합적으로 고려해야 한다는 뜻이다. 통일교육 분야에서 교육 연구는 너무 제한되어 있고, 게다가 완벽한 연구 증거는 드물다. 교사는 불완전한 상황에서도 가장 가능성 높은 선택을 할 수 있도록 사고를 전환해야 한다. 또한, 교사는 지속 가능성을 고려해야 한다. 처음부터 완벽한 적용을 목표로 하기보다는 단계적 적용과 개선을 목표로 하는 것이 바람직하다. 통일교육에서 증거 기반 교수 실천은 어쩌면 이미 정해진 운명인지도 모른다. 주사위는 이미 던져졌고, 이제 통일교육 담당자들의 실천만이 남았을 뿐이다.

참고 문헌

홍성두 · 여승수(2011), "증거기반교수의 개념과 연구적 타당성에 관한 이론적 고찰", 『특수아동교육연구』, 13(1), 169-191.

American Psychological Association(2005), Policy statement on evidence-based practice in psychology, http://www.apa.org/practice/ebpstatement.pdf

Biesta, G. J. J.(2007),"Why 'what works' won't work: Evidence-based practice and the democratic deficit in educational research", *Educational Theory*, 57, 1-22.

__________(2010), "Why 'what works' still won't work: From evidence-based education to value-based education", *Studies in Philosophy and Education*, 29, 491-503.

Cook, B. G., Tankersley, M. & Harjusola-Webb, S.(2008), "Evidence-based special education and professional wisdom: Putting it all together", *Intervention in School and Clinic*, 44(2), 105-111.

Cook, B. G. & Cook, S. C.(2011), "Unraveling evidence-based practices in special education", *Journal of Special Education*, 47(2), 71-82.

Cook, B. G., & Odom, S. L.(2013), "Evidence-based practices and implementation science in special education", *Exceptional Children*, 79(2), 135-144.

Gorard, S., See, B. H. & Siddiqui, N.(2017), *The trials of evidence-based education*, London: Routledge.

Hammersley, M. (2005), "The myth of research-based practice: The critical case of educational inquiry", *International Journal of Social Research Methodology*, 8(4), 317-330.

Hammersley, M.(2013), *The myth of research-based policy and practice*, London: Sage.

Hattie, J.(2009), *Visible learning: A synthesis of over 800 meta-analyses relating to achievement*, London: Routledge.

Hornby, G. & Greaves, D.(2022), *Essential evidence-based teaching strategies*, Gewerbestrasse: Springer.

Hornby, G., Gable, R. A. & Evans, W.(2013), "Implementing evidence-based practice in education: What international literature reviews tell us and what they don't, *Preventing School Failure: Alternative Education for Children and Youth*, 57(3), 119-123,

Kazdin, A. E.(2008), "Evidence-based treatment and practice: New opportunities to bridge clinical research and practice, enhance the knowledge base, and improve patient care", *American Psychologist*, 63, 146-159.

Metz, A. J. R., Espiritu, R. & Moore, K. A.(2007), "What Is Evidence-Based Practice?", *Child Trends*, Washington, D.C.: Atlantic Philanthropies.

Odom, S. L.(2009), "The tie that binds: Evidence-based practice, implementation science, and outcomes for children", *Topics in Early Childhood Special Education*, 29(1), 53-61.

Petty, G.(2009), *Evidence-based teaching: A practical approach*, 2nd Ed., Cheltenham: Nelson Thornes Ltd.

Sackett, D. L., Rosenberg, W. M., Gray, J. A., Haynes, R. B., & Richardson, W. S.(1996), "Evidence-based medicine: what it is and what it isn't", *BMJ*, 312(7023), 71-72.

Slavin, R. E.(2002), "Evidence-based education policies: Transforming educational practice and research", *Educational Researcher*, 31(7), 15-21.

Wenger, E.(2000), "Communities of practice and social learning systems", *Organization*, 7(2), 225-246.

제2장

건설적 논쟁수업에 기반한 통일교육

최윤정(춘천교육대학교 교수)

오늘날 통일교육은 단순히 남북의 제도적 통합을 준비하는 것을 넘어, 분단으로 인한 상처를 이해하고 치유하며, 평화로운 공동체로 나아가기 위한 시민적 성숙을 기르는 교육적 실천으로 나아가야 한다. 한반도의 분단은 단순한 정치·제도적 단절에 그치지 않고, 이산가족, 탈북민, 군사적 긴장, 상호 불신과 혐오 등 심리적·사회문화적 고통을 동반해왔다. 이러한 현실은 통일교육이 단순한 사건 중심 교육이 아니라, 공존과 연대, 민주적 소통 능력 등 시민적 역량을 기르는 교육으로 자리매김해야 함을 의미한다.

국제적으로도 교육의 방향은 이와 같은 흐름과 맞닿아 있다. 유네스코(UNESCO, 2015)는 『Global Citizenship Education: Topics and Learning Objectives』에서 교육의 핵심 목적 중 하나로 '평화롭고 포용적인 사회 건설', '갈등 예방', '상호 이해', '문화 간 대화의 촉진'을 명시하고 있으며, Global Citizenship Education(GCED)을 폭력과 갈등을 예방하고 회복력 있는 공동체 형성에 기여하는 교육으로 정의한다. 이는 분단과 갈등의 경험을 안고 있는 한반도의 상황 속에서, 평화적 전환과 사회 통합을 추구하는 통일교육의 방향성과도 깊이 연결된다. 따라서 통일교육은 시민성, 인권, 평화적 가치 함양을 중심에 두고, 다양한 관점과 입장을 존중하며 함께 토론할 수 있는 역량을 기르는 방향으로 전환될 필요가 있다.

그러나 통일부가 발표한「2024년 학교 통일교육 실태조사」에 따르면, 현재 학교 현장의 통일교육은 여전히 지식 중심의 강의식 설명(45.9%)과 동영상 시청(61.5%) 위주로 이루어지고 있으며, 체험학습 경험은 6.2%에 불과한 것으로 나타났다. 반면, 학생들은 '통일이 가져올 이익'이나 퀴즈 · 게임 · 이벤트와 같은 참여형 · 체험형 교육을 배우고 싶다고 응답했으며, 이는 현재의 교육 방식이 학습자의 흥미와 주체적 참여를 충분히 반영하지 못하고 있음을 보여준다. 특히 학생들은 통일과 북한에 대한 정보를 학교 수업보다는 유튜브(60.2%)와 포털 사이트 등 비공식 매체를 통해 주로 얻고 있었으며, 이는 학교 교육이 균형 잡힌 시각과 다양한 관점을 제공하지 못한 채, 이념 편향적 해석에 노출될 위험을 방치하고 있음을 시사한다.

이처럼 현재의 통일교육은 학생들에게 비판적 성찰과 다각적 탐색의 기회를 충분히 제공하지 못하며, 정해진 해답을 암기하거나 통일을 추상적 · 형식적 문제로 인식하게 만들고, 결과적으로 통일에 대한 공감과 실천의지를 약화시키는 한계에 직면해 있다. 이러한 실태는 통일교육이 더 이상 지식 전달이나 정답 중심의 주입식 교육에 머물러서는 안 되며, 학습자의 삶과 연결된 비판적 사고, 공감, 참여 중심의 교육으로의 패러다임 전환이 필요함을 분명히 보여준다. 통일과 북한에 대한 정보가 비공식 매체를 통해 형성되는 현실 속에서, 학교 통일교육은 균형 잡힌 시각을 제공하고, 다양한 관점을 탐색할 수 있는 민주적 학습 환경으로 나아가야 하며, 이를 통해 미래세대가 능동적이고 성찰적인 통일 시민으로 성장할 수 있도록 뒷받침해야 한다.

이러한 맥락에서, 통일교육은 특정 입장을 주입하는 방식이 아니라 다양한 의견이 공존하고, 학생들이 스스로 사고하고 판단할 수 있는 환경을 조성하는 방향으로 나아가야 한다. 이때 주목할 수 있는 접근이 바로 '건설적 논쟁(constructive controversy)' 방식이다. 건설적 논쟁은 학생들이 통일 문제를 둘러싼 서로 다른 시각과 입장을 탐색하고, 타인의 관점을 경청하며, 협력적으로 대안을 모색하는 과정을 통해 민주적 토론 문화를 내면화하도록 돕는다. 이는 단순한 지식 습득을 넘어, 비판적 사고력, 관점 전환 능력, 공감과 소통 역량을 기를 수 있게 해주는 효과적인 교수·학습 전략이며, 통일교육이 지향하는 평화, 시민성, 공존의 가치 실현을 위한 구체적 교육 방법이 될 수 있다.

① 건설적 논쟁의 이론적 배경

1) 건설적 논쟁의 역사

건설적 논쟁(Constructive Controversy)은 단순한 토론이나 찬반식 논쟁을 넘어서, 학습자들이 서로 다른 입장을 깊이 탐구하고, 갈등을 협력적으로 해결하며, 공동의 결론에 도달하는 과정을 통해 비판적 사고력, 관점 수용, 민주적 태도를 함양하도록 설계된 협동학습 전략이다. 이 교육 방법은 데이비드 존슨(David W. Johnson)과 로저 존슨(Roger T. Johnson) 형제의 사회적 경험과 학문적 탐구가 결합되어 탄생한 결과물이다.

1960년대 미국 사회는 인종차별, 시민운동, 교육 개혁 등 극심한 사회 변동을 겪고 있었다. 데이비드 존슨은 당시 시민운동에 참여하며, 캠퍼스의 인종 통합 활동을 주도했고, 이를 통해 갈등과 차별을 해소하기 위한 교육적 접근의 필요성을 체감했다. 그는 콜롬비아대학교에서 굿윈 왓슨(Goodwin Watson)으로부터 사회적 상호작용 구조화 이론을, 이후에는 모튼 도이치(Morton Deutsch)로부터 협동과 경쟁에 관한 사회적 상호의존 이론을 배우며 이론적 기반을 다졌다. 특히 그는 인종 갈등을 극복하기 위해서는 단순한 접촉이 아니라 구조화된 협동 경험이 핵심이라는 사실에 주목하였다.

로저 존슨은 미국의 스푸트니크호 쇼크 이후 과학교육 개혁의 흐름 속에서 전국 과학교사 네트워크의 일원으로 활동하며, 소그룹 탐구학습과 학생 참여 중심의 수업을 실천했다. 그는 피아제, 비고츠키, 브루너의 구성주의 이론에 영향을 받아, 학습은 서로 협력하고 질문을 통해 탐색하는 과정에서 촉진된다는 신념을 바탕으로 교육 혁신에 동참하였다.

두 형제는 각자의 사회적 실천과 학문적 탐색을 접목해 갈등을 학습의 자산으로 전환할 수 있는 교육 전략으로서 건설적 논쟁을 개발하였다. 이들은 프랜시스 파커(Francis Parker)나 존 듀이(John Dewey) 등 과거 협동적 수업을 강조했던 선구자들이 명확한 실행 절차 없이 모범 중심 접근에 머물렀던 한계를 비판하며, 이론·연구·실천의 순환에 기반한 구체적인 협동학습 모델을 제시했다. 특히 건설적 논쟁은 갈등 상황을 교육적으로 구조화하여, 학습자들이 상반된 입장을 탐색하고 비판하며, 최종적으로 통합적 결론에 도달하는 경험을 제공한다.

이러한 전략은 수천 건에 달하는 실증 연구와 메타분석을 통해 그 인지적, 정의적, 사회적 효과가 과학적으로 입증되었으며, 협동학습 전략 중에서도 핵심적인 위치를 차지하게 되었다. 특히 중요한 점은, 건설적 논쟁과 협동학습의 효과성이 단지 미국 내에 국한되지 않고, 전 세계 다양한 문화권과 교육 환경에서도 일관되게 긍정적 결과를 나타냈다는 점이다. 존슨 형제는 미국은 물론 캐나다, 유럽, 아시아, 중동, 남미, 아프리카 등 세계 여러 지역에서 교사 연수와 실천 네트워크를 구축하고, 협동학습 관련 자료를 20개 이상의 언어로 번역·보급하였다. 이러한 국제적 확산과 실증 연구를 통해 건설적 논쟁은 글로벌 교육 환경에서도 보편적 효과성을 갖춘 전략으로 인정받고 있다.

오늘날 건설적 논쟁은 단순히 학업 성취를 높이는 것을 넘어, 민주시민 교육, 평화교육, 통일교육과 같이 다양한 가치 중심 교육 분야에서 중요한 교수학습 전략으로 주목받는다. 특히 분단과 이념 갈등, 혐오와 편견이 공존하는 한반도 현실에서, 건설적 논쟁은 평화적 공존, 상호 이해, 시민적 책임감을 길러주는 효과적인 교육 실천으로서의 의미를 가진다.

2) 건설적 논쟁의 개념

건설적 논쟁(Constructive Controversy)은 학습자들이 서로 상반된 입장을 맡아 주어진 주제에 대해 논의하고, 상대의 주장을 경청하며 자신의 생각을 조정해 가는 과정을 통해 비판적 사고력과 관점 수용 능력, 문제 해결력을 기를 수 있도록 설계된 협동학습 전략이다. 이 방식은 단순한 지식 전달이나 찬반식 토론을 넘어, 갈등을 학습의 자원으로 전환하려는 교육적 접근이다. 따라서 갈등은 건설적 논쟁의 핵심적 기제로 작용한다. 즉, 학습자들이 서로 다른 입장을 맡아 논의하는 과정 자체가 단순한 입장 대립을 넘어, 인지적·정서적 성장을 이끌어내는 출발점이 되는 것이다. 그렇기에 갈등이 교육적으로 어떻게 기능하는지 이해하는 것은 건설적 논쟁의 개념을 보다 깊이 있게 파악하는 데 필수적이며, 이를 중심으로 건설적 논쟁에서의 갈등의 역할을 다음과 같이 살펴볼 수 있다.

전통적으로 교육 현장에서의 갈등은 부정적으로 인식되어 왔다. 교실 내 논쟁은 질서의 붕괴, 감정적 대립, 오해의 원인으로 여겨지며 회피 또는 제거의 대상이 되어왔다. 그러나 건설적 논쟁은 이러한 통념을 전복한다. 이 접근에서는 갈등이 오히려 학습을 촉진하는 자극제로 작용하며, 다양한 관점을 접하고 기존의 사고를 재구성하는 인지적 도전의 기회로 간주된다.

건설적 논쟁에서의 갈등은 피아제가 말한 '인지적 비평형 상태'를 유발함으로써, 학습자의 기존 신념에 균열을 가한다. 서로 다른 입장을 주장하는 학생들의 상호작용 속에서, 학습자는 타인의 논거를 마주하고 자신의 입장을 점검하게 되며, 이 과정에서 비판적 사고와 고차적 인지 기능(분석, 종합, 평가 등)이 활성화된다. 즉, 갈등은 단순히 의견의 충돌이 아니라, 인지적 성장을 위한 기제로 작용한다.

갈등은 또한 학습자의 정의적 발달에도 기여한다. 타인의 주장을 반박하고 동시에 존중하는 경험은 경청, 공감, 관용, 관점 전환 능력을 길러준다. 이러한 상호작용은 단순한 정보 교환을 넘어, 민주적 대화와 시민적 성숙을 가능케 하는 정서적 학습 과정을 내포한다. 건설적 논쟁은 학습자가 갈등을 회피하거나 억압하는 대신, 갈등을 안전하게 탐색하고 평화적으로 해결하는 연습장이 된다.

그러나 무분별한 논쟁은 쉽게 감정적 대립이나 파편적 지식 나열로 흐를 수 있다. 건설적 논쟁은 갈등을 단계적으로 구조화함으로써, 그것이 파괴적 갈등이 아닌 생산적 갈등이 되도록 유도한다. 건설적 논쟁의 구조화된 절차는 갈등의 방향성과 생산성을 보장하는 설계 장치로 기능한다. 이는 학습자가 안전하게 갈등을 마주하고 의미 있게 다루도록 돕는 교육적 조건이다.

민주주의는 본질적으로 다양한 입장이 공존하고 갈등하는 사회적 구조이며, 갈등은 민주적 성장을 위한 필수 요소이다. 통일을 준비하는 과정에서도 남북 간의 역사적 경험, 체제, 문화, 가치관의 차이는 불가피한 갈등을 동반한다. 이러한 갈등을 단순히 회피하거나 제거해야 할 문제가 아니라, 평화적 공존을 위한 대화와 숙의의 출발점으로 인식하는 것이 통일 시민성의 핵심이다.

건설적 논쟁은 학습자들이 상이한 입장을 수용하고 조율하는 과정을 통해 갈등을 협력과 통합의 기회로 전환하는 경험을 제공함으로써, 통일 시민으로서 필요한 비판적 사고, 공감, 관점 전환, 공동체적 책임감을 기를 수 있도록 돕는다. 이는 교육이 민주적 시민성을 넘어서 분단과 갈등의 현실 속에서 평화적 통일을 준비할 수 있는 시민적 역량을 함양하는 공간이 되어야 한다는 오늘날의 통일교육 철학과도 깊이 맞닿아 있다. 따라서 건설적 논쟁에서의 갈등은 단지 학습 촉진을 위한 도구가 아니라, 통일을 살아 있는 문제로 사유하고 실천할 수 있는 통일 시민성 형성의 실천 장치로서 의미를 갖는다.

② 건설적 논쟁의 절차

건설적 논쟁은 갈등을 단순히 허용하는 것이 아니라, 학습적 성장을 유도하기 위해 의도적으로 구조화된 협동적 상황 속에서 조직하는 교육적 전략이다. 이 이론은 “상황의 구조가 사회적 상호작용의 유형을 결정하고, 이러한 상호작용의 유형이 개인의 사고와 태도에 영향을 미친다"는 사회적 상호작용 이론에 기반하고 있다. 따라서 단순히 논쟁 상황을 제공하는 것만으로는 충분하지 않으며, 갈등이 생산적인 자극이 되도록 협동적 상황 구조의 전제가 반드시 필요하다.

이를 위해 수업은 먼저 긍정적 상호의존성을 중심으로 한 협동적 맥락을 조성해야 하며, 그 안에서 건설적 논쟁의 절차가 단계적으로 진행되어야 한다. 이 과정에서 참가자들은 단순한 찬반이라는 입장을 넘어서, 연구자, 옹호자, 악마의 옹호자, 종합자와 같은 역할을 맡게 되며, 수업 전 과정에서 다음과 같은 규범적 기대사항을 함께 내면화하게 된다.

> (1) 논쟁의 목적은 승리가 아니라 이해이다.
>
> (2) 사람에 대한 비판이 아니라 아이디어에 대한 비판이 이루어져야 한다.
>
> (3) 반대 의견이라 하더라도 경청하고 이해하려는 노력이 필요하다.
>
> (4) 입장 통합에 앞서 충분한 구별과 이해가 선행되어야 한다.
>
> (5) 논리적으로 설득되면 자신의 입장을 바꿀 수 있어야 한다.

이러한 조건이 충족될 때, 학습자들은 논쟁 과정 속에서 자연스럽게 인지적 비평형 상태를 경험하고, 이로 인해 호기심을 갖고 반대 주장과 근거를 학습하려는 동기를 갖게 된다. 나아가 자신의 기존 관점과 새롭게 접한 정보들을 통합하려는 노력을 통해, 단순한 대립이 아닌 통찰과 합의의 지점으로 나아가게 된다.

이처럼 건설적 논쟁은 토론(debate)이나 동의 추구(concurrence-seeking)와 명확히 구별된다. 토론이 승패 중심으로 흘러가고, 동의 추구가 집단 내 불일치를 회피하는 경향을 띠는 반면, 건설적 논쟁은 학습자에게 자신의 견해가 틀릴 수 있음을 받아들이고, 관점 전환과 통합을 통해 더 나은 결론에 도달하도록 구조화된 상호작용을 제공한다. 이는 갈등을 단절이나 회피가 아닌 협동적 탐구의 과정으로 전환시키는 고유한 교육적 접근이며, 참여자 간의 존중, 탐색, 비판적 사고, 그리고 통합적 사고를 동시에 길러주는 전략이다.

존슨 형제는 이러한 구조화의 원리를 바탕으로, 갈등을 안전하고 생산적인 학습 자원으로 전환하기 위해 다음의 다섯 가지 단계적 절차를 제안하였다.

> ① 입장 배정(Preparation)
>
> 학습자들은 서로 상반된 입장을 배정받는다(예: 찬성과 반대). 이 단계에서는 자신이 맡은 입장을 중심으로 정보를 수집하고 논거를 구성하며, 논리적 주장 구성과 자료 탐색 능력을 키우는 데 초점이 맞춰진다.
>
> ② 입장 옹호(Presentation and Advocacy)
>
> 각 집단 또는 개인은 자신이 맡은 입장을 상대에게 설명하고 주장한다. 이 과정은 설득력 있는 의사소통 능력과 논리적 추론을 강화하며, 갈등이 인지적 자극으로 전환되는 출발점이 된다.
>
> ③ 상호 반론(Challenge and Refutation)
>
> 상대 입장에 대한 비판과 반론이 제기되는 단계로, 학습자는 자신의 주장을 검토하고 타당한 논거로 대응한다. 이때 학습자는 자신의 사고를 확장하고, 비판적 사고 능력을 기르게 된다.
>
> ④ 입장 바꾸기(Role Reversal / Perspective Taking)
>
> 학습자들은 기존에 맡았던 입장을 내려놓고, 상대 입장을 대신 설명하거나 옹호해 보는 역할 전환을 경험한다. 이는 단순한 토론을 넘어서는 건설적 논쟁의 핵심적 차별성으로, 학습자가 타인의 관점을 내면화(perspective taking) 하며, 공감 능력과 인지적 유연성을 기르게 된다.
>
> ⑤ 공동 결론 도출(Synthesis and Integration)
>
> 최종적으로는 상반된 입장 간의 공통점을 발견하거나 대안을 모색하며, 협력적으로 하나의 결론 또는 통합된 관점을 만들어낸다. 이 과정은 협동학습의 본질인 긍정적 상호의존성과 개인 책무성을 실현하는 결정적 순간이다.

이 중에서 입장 바꾸기 단계는 건설적 논쟁에서 인지적 갈등을 넘어 정의적 성장을 유도하는 중요한 과정이다. 학습자는 자신이 논박하던 상대의 입장을 직접 받아들여 그 입장에서 주장하고 설명함으로써, 기존의 사고 틀을 벗어나 타인의 관점을 내면화한다. 이때 일어나는 관점 채택(perspective taking)은 협동학습의 정의적 목표 중 하나인 공감(empathy)과 사회적 인식(social awareness)을 향상시키는 데 크게 기여한다. 이는 단지 이해의 확장을 넘어서, 학습자가 다양한 가치와 입장을 존중하고 수용할 수 있는 민주적 시민으로 성장하는 데 필수적인 능력이다. 협동학습의 핵심 원리 중 하나인 개별 책무성(individual accountability)은 이 과정에서 잘 드러난다. 자신의 입장을 주장할 때와는 전혀 다른 시각에서 설득력 있게 표현해내야 하므로, 학습자는 깊은 이해와 성찰을 바탕으로 타인의 논리를 수용하고 재구성하게 된다.

건설적 논쟁의 마지막 단계인 공동 결론 도출은, 갈등과 상호 이해의 과정을 거쳐 협력적 통합으로 나아가는 핵심적 순간이다. 학습자들은 각자의 입장을 조정하거나 결합하여, 더 넓고 정합적인 해결책을 함께 만들어간다. 이 단계는 협동학습 이론에서 강조하는 '긍정적 상호의존(positive interdependence)'을 가장 잘 드러낸다. 학습자들은 공동의 목표를 달성하기 위해 상호 협력하고, 자신의 의견뿐 아니라 타인의 기여를 존중하며 의사결정의 민주성을 경험하게 된다. 또한, 학습자가 과정 전체를 통해 얻은 인지적 자극과 정의적 태도를 사회적으로 유의미한 결론으로 통합하는 경험은, 실제 사회적 문제 해결 상황과도 연결되는 실천적 교육 경험으로 작용한다. 나아가, 개인 책무성과 집단 책임성이 동시에 요구되는 이 단계는 협동학습의 효과를 극대화하며, 학습자들이 단순히 정보를 습득하는 것을 넘어 공동체적 사고와 시민적 실천 역량을 기를 수 있도록 돕는다.

3 건설적 논쟁수업을 통한 증거 기반 통일교육의 필요성

통일은 본질적으로 다양한 이해관계와 가치관, 정체성이 충돌하는 복합적이고 다층적인 사회적 이슈다. 남북한 간의 정치·경제·사회·문화적 차이뿐 아니라, 통일에 대한 국민 개개인의 입장과 경험도 크게 다르다. 이처럼 통일 문제는 단일한 정답이 존재하지 않으며, 찬반의 이분법을 넘어 다원적 관점의 숙의와 조율이 필수적인 주제이기 때문에, 단순 암기나 주입식 교육으로는 그 의미를 온전히 다루기 어렵다. 따라서 학습자들이 각자의 입장에서 사고하고, 반대 입장을 경청하며, 공동의 해결 방안을 탐색할 수 있는 건설적 논쟁의 방식이 통일교육과 매우 잘 부합한다.

건설적 논쟁은 학생들이 서로 다른 입장을 구조화된 절차 속에서 주장하고 반박하며, 나아가 공동의 결론을 도출하는 과정을 통해 비판적 사고, 관점 전환, 협력적 문제 해결 능력을 기르는 협동학습의 한 유형이다. 특히, 존슨 형제는 평화교육을 위해 필요한 요소로서 다음과 같은 점을 강조한다.

> *"학생들은 입장을 번갈아 맡으며 입장을 통합하려 노력해야 하며, 협동적 문제 해결을 통해 평화적인 해결 방법을 공동으로 찾아내야 한다" (Johnson & Johnson, 2005, p. 298).*

또한,

> *"논쟁의 목적은 상대를 이기는 것이 아니라, 서로 다른 관점을 탐색하고 통합하여 더 나은 해법에 도달하는 데 있다" (Johnson & Johnson, 2005, p. 297).*

이러한 건설적 논쟁은 단순히 토론이나 설득이 아닌, 사회적 상호의존성에 기초한 학습 경험으로서 통일이라는 복합적 문제를 다루는 데 특히 효과적이다. 다양한 시각을 통해 통일을 탐색하고, 갈등을 공동의 탐구로 전환함으로써 학습자는 통일을 '국가 주도의 과제'가 아니라 '시민 주체의 대화'로 인식하게 된다.

더욱이 통일 이슈는 감정적 갈등을 수반하기 쉬운 주제이므로, 이를 협동적 절차 안에서 안전하게 구조화하여 탐색할 수 있는 교육적 장치가 필요하다. 건설적 논쟁은 바로 이러한 맥락에서 학습자들이 갈등을 회피하거나 억압하는 대신, 비판적으로 성찰하고 평화적으로 조율해 가는 경험을 가능하게 한다.

건설적 논쟁은 상반된 입장을 가진 학습자들이 서로의 주장을 경청하고 반박하며, 궁극적으로 공동의 해법을 도출해 가는 협동학습 전략이다. 이는 민주적 결정 과정을 모의함으로써 학생들에게 평화적 정치 담론의 경험을 제공하며, '공존 가능한 통일'이라는 관점에서 다양한 시각과 이해를 수렴하는 능력을 키우도록 돕는다. 특히, 논쟁을 단순히 승패를 가리는 경쟁이 아니라, 공동의 문제 해결을 위한 협력적 탐색으로 구조화함으로써 갈등을 평화적 역량으로 전환한다는 점에서 통일교육의 핵심 지향과 맞닿아 있다.

4 건설적 논쟁을 통한 증거 기반 통일교육의 적용 사례

1) 통일 쟁점과 건설적 논쟁 수업 설계

통일 이슈가 지닌 개방성과 복합성은 학생들이 다양한 입장을 탐색하고 조율하는 건설적 논쟁 활동에 매우 적합하다. 실제 수업에서는 이러한 특성을 바탕으로, 찬반이 분명하면서도 정답이 고정되지 않은 주제를 선정하여 학습자들이 상반된 입장을 맡고 서로의 관점을 경청하며 공동의 해법을 탐색할 수 있도록 구성해야 한다. 이러한 수업 설계를 실제로 적용할 수 있는 구체적인 주제를 들어보면 다음과 같다.

대표적으로 "통일은 반드시 이루어져야 하는가?"라는 질문은, 한편으로는 민족 공동체의 회복과 경제·안보·문화 통합의 이점을 근거로 찬성 입장을 구성할 수 있으며, 다른 한편에서는 남북 간의 이질감, 통일 비용, 그리고 통일의 현실적 가능성에 대한 회의를 바탕으로 반대 입장이 제시될 수 있다. 또한 "북한과의 교류·협력은 통일을 앞당길 수 있는가?"에 대한 논쟁에서는, 신뢰 형성과 적대감 완화, 공동체 감각의 회복을 강조하는 입장과, 교류가 체제 선전의 도구로 악용될 수 있으며 보다 전략적인 접근이 필요하다는 입장이 대립할 수 있다. "점진적 통일이 급속 통일보다 바람직한가?”라는 주제는, 제도와 문화의 조화 및 비용 최소화를 중시하는 점진적 입장과, 통일의 기회는 언제든 사라질 수 있으므로 단호한 실행이 필요하다는 급속 통일의 입장으로 나뉠 수 있다. “북한의 인권 문제를 통일보다 우선시해야 하는가?”에 대해서는, 인권은 보편적 가치이므로 국제사회와의 연대를 위해 선행되어야 한다는 입장과, 인권 문제를 전면에 내세우는 것은 대화의 단절을 초래할 수 있으며 통일 이후에 해결할 수 있다는 입장이 대비된다. “탈북민 정착 지원을 확대할 것인가?”에 대한 논의에서는, 사회 통합과 인도주의 실천을 강조하는 측과, 내국인에 대한 역차별과 예산 부담, 실효성의 문제를 지적하는 입장이 충돌할 수 있다. 또한 “통일 이후의 수도는 어디가 되어야 하는가?”라는 질문은 서울(기존 인프라와 글로벌 경쟁력), 평양(상징성 회복과 균형 발전), 제3의 도시(새로운 시작과 통합의 상징)로 나뉘어 논의될 수 있는 다각적 주제이다. “통일세 도입은 정당한가?”에 대해서는, 미래 준비와 공동의 부담 의식 형성을 강조하는 찬성 입장과, 현재의 국민 부담을 가중시키며 실익이 불투명하다는 반대 입장이 대립할 수 있다. 마지막으로 “학교에서 통일교육을 강화하는 것이 필요한가?”라는 주제는, 미래세대의 통일 인식 제고와 감수성 함양의 필요성을 강조하는 입장과, 교육의 우선순위 문제나 정치적 중립성에 대한 우려를 제기하는 입장으로 나뉠 수 있다.

〈표 1〉 건설적 논쟁 절차에 기반한 통일교육 수업 예시: 점진적 통일이 급속 통일보다 바람직한가?

단계	활동 내용	핵심 역량 및 효과
1. 입장 배정 (Preparation)	학습자들은 ‘점진적 통일’과 ‘급속 통일’ 중 하나의 입장을 맡아 소그룹으로 나뉜다. 각 집단은 자신이 맡은 입장의 장단점에 대해 자료를 조사하고, 주장과 근거를 정리한다. 예: 점진적 통일(제도적 안정, 문화 적응, 경제적 부담 분산), 급속 통일(역사적 기회 포착, 정치적 통합, 비용 최소화 등).	탐구력, 자료해석력, 논리 구성 능력
2. 입장 옹호 (Presentation and Advocacy)	각 집단은 자신이 맡은 입장을 다른 집단 앞에서 발표하고, 통일의 바람직한 과정에 대한 주장을 설득력 있게 제시한다. 발표 전에는 주장 구성과 근거 정당화를 위한 전략을 구상하고, 시각 자료 등을 활용할 수 있다.	표현력, 논증 능력, 설득력

3. 상호 반론 (Challenge and Refutation)	상대 집단의 주장에 대해 논리적이고 근거에 기반한 반론을 제기하고, 자신의 입장에 대한 비판에도 효과적으로 대응한다. 이 과정에서 학습자들은 도덕적 상상력과 비판적 사고 능력을 활용하여 주장을 확장하고 조정한다.	비판적 사고력, 분석력, 도덕적 상상력
4. 입장 바꾸기 (Perspective Taking)	각 집단은 상대방의 입장을 맡아 옹호해보는 '역할 바꾸기' 활동을 수행한다. 이 과정을 통해 타인의 논리를 이해하고 관점을 전환해보며, 공감 능력과 인지적 유연성을 기르게 된다.	공감 능력, 관점 전환 능력, 인지적 유연성
5. 공동 결론 도출 (Synthesis and Integration)	양 집단은 점진적 통일과 급속 통일의 장점을 조화롭게 통합하여 새로운 통일 방안을 협력적으로 설계한다. 예: 점진적 접근의 안정성과 급속 통일의 기회를 결합한 현실적 전략 구성. 이 단계는 협동학습의 상호의존성과 공동체적 책임을 실현한다.	통합적 사고력, 협력적 문제 해결력, 시민적 책임감

2) 운영상 유의 사항 및 교사의 역할

건설적 논쟁을 통일교육에 적용할 때에는 수업의 민주성과 균형성을 유지하고, 학습자의 주체적 사고를 보장하는 것이 중요하다. 이를 위해 참고할 수 있는 대표적인 사례가 바로 독일의 『보이텔스바흐 협약(Beutelsbacher Konsens)』이다. 이 협약은 교육이 특정 이념을 주입하거나 학습자의 의식을 지배해서는 안 된다는 '강요 금지의 원칙(Überwältigungsverbot)', 사회적으로 논쟁이 되는 사안은 수업에서도 논쟁적으로 다루어야 한다는 '논쟁성의 원칙(Kontroversitätsgebot)', 학습자가 스스로 판단하고 결정을 내릴 수 있는 정치적 판단 능력을 길러야 한다는 '판단 능력 강화의 원칙(Förderung der Fähigkeit zur politischen Analyse und Urteilsbildung)'을 핵심적으로 제시한다.

이러한 원칙은 통일과 같은 민감하고 복합적인 이슈를 다룰 때 특히 중요하다. 예를 들어, 교사는 통일을 당위적으로 강조하거나 특정 방식(예: 흡수통일 또는 연방제 통일)을 유일한 해답으로 제시해서는 안 되며, 다양한 입장과 관점을 균형 있게 소개하여 학생들이 스스로 탐색하고 판단할 수 있도록 도와야 한다. 또한 수업 주제가 사회적으로 논쟁의 여지가 있는 만큼, 수업에서도 다양한 시각을 공정하게 다루며, 학습자가 반대 의견을 접하고 숙의하는 과정을 통해 비판적으로 사고할 수 있도록 지원해야 한다.

이를 위해 교사는 민주적 토론 문화를 조성하는 조력자이자, 정보를 균형 있게 제공하는 안내자, 학습자의 성찰과 비판적 사고를 촉진하는 촉진자로서의 역할을 수행해야 한다. 결국 건설적 논쟁은 학생들이 통일을 둘러싼 다양한 쟁점을 깊이 있게 탐색하고, 시민으로서의 판단력과 책임감을 기르는 데 효과적인 방식이지만, 그것이 제대로 기능하기 위해서는 교사의 신중한 설계와 공정한 중재가 반드시 동반되어야 한다.

5 건설적 논쟁 수업을 통한 증거 기반 통일교육의 적용 사례

1) 교수·학습 활동 개관

<table>
<tr><th>관련 교과</th><td>도덕</td><th>학습주제</th><td>북한의 인권 문제를 통일보다 우선시해야 하는가?</td><th>차시</th><td>2~3차시</td></tr>
<tr><th>관련 교과 성취 기준</th><td colspan="5">6도03-01 인권과 관련된 다양한 사례를 살펴보고 인권에 관한 감수성을 길러 이를 실천하려는 의지를 함양한다.
6도03-03 통일 과정과 통일 이후 사회의 여러 가지 상황을 예상하고 바람직한 통일 과정과 통일 국가의 사회상을 제시한다.</td></tr>
<tr><th>학습 목표</th><td colspan="5">북한 주민의 인권 문제와 통일의 관계에 대해 다양한 정보를 탐색하고, 상반된 입장을 논리적으로 비교·분석하는 과정을 통해 인권과 통일에 대한 도덕적 감수성을 기른다. 더불어 서로 다른 의견을 경청하고 존중하는 태도로 건설적 논쟁에 참여하며, 갈등을 협력적으로 조율하여 바람직한 통일의 방향에 대해 공동의 해법을 모색한다.</td></tr>
<tr><th>사회적 기술 목표</th><td colspan="5">서로의 입장을 경청하고 존중하며, 협력적으로 의견을 조율하여 집단의 결론을 도출할 수 있다.</td></tr>
<tr><th>준비물</th><td colspan="5">① 쟁점 정리 자료 - 북한 인권 문제 및 통일 관련 기본 정보 요약본(기사, 통계, 사례 등)
② 입장별 탐구 자료 - 찬성·반대 입장에 필요한 근거 자료(인권 보고서, 전문가 칼럼, 인터뷰 등)
③ 역할 카드 - 입장 배정용 카드 또는 역할 안내지(찬성, 반대의 입장 바꾸기 시 활용)
④ 자료 탐색 도구 - 태블릿pc, 도서 등</td></tr>
</table>

활동지 1 모둠별 과제와 논쟁 규칙 안내

_________반 모둠명__________________

▣ 모둠별 과제와 논쟁 규칙

1. 모둠 활동의 목표

- 우리 모둠은 통일 문제에 대한 모든 입장에서 모두가 받아들일 수 있는 합의에 도달한 후 하나의 보고서를 작성합니다. 모둠 내 구성원들은 보고서를 작성하고, 이를 학급 친구들 앞에 발표할 책임이 있습니다.
- 모둠 내 구성원들은 통일 문제에 대한 정보를 모두 습득할 책임이 있으며, 추후 모든 정보에 대해 개별 평가를 받아야 합니다.

2. 우리 모둠이 지켜야 할 논쟁 규칙

① 사람이 아니라 생각과 의견에 대해 비판적이어야 합니다.
② 논쟁에서 이기든 지든, 우리는 함께 한다는 것을 기억하고, 가능한 최상의 결정을 내리는 데 집중합니다.
③ 모든 사람이 논쟁에 참여하고, 찬성과 반대 양측의 정보를 모두 배울 수 있도록 격려합니다.
④ 동의하지 않는 의견도 경청합니다.
⑤ 누군가가 말한 내용이 명확하지 않으면, 나는 다시 말해야 합니다.
⑥ 나는 우선 양쪽을 뒷받침하는 모든 아이디어와 사실을 꺼내 들고 나서, 그 다음에는 이치에 맞는 방법으로 그것을 종합하려고 시도해야 합니다.
⑦ 나는 그 이슈의 양면을 모두 이해하려고 노력해야 합니다. 내가 생각을 바꾸어야 한다는 증거가 분명해지면, 나는 마음을 바꿔야 합니다.

활동지 2 쟁점 정리 자료

_________반 모둠명_________________

▣ 논쟁 상황

최근 한반도의 평화와 통일에 대한 논의가 국내외에서 다시 활기를 띠고 있습니다. 남북 간의 군사적 긴장 완화, 경제 협력 재개, 문화 교류 확대 등 다양한 차원의 통일 담론이 제기되면서, '통일은 어떤 방식으로 이루어져야 하며, 어떤 가치를 중심에 둘 것인가'에 대한 사회적 관심과 논쟁도 더욱 치열해지고 있습니다. 그중에서도 특히 '북한 주민의 인권 문제를 통일보다 먼저 해결해야 하는가?'라는 질문은 통일 담론의 윤리적 토대를 점검하게 만드는 핵심 쟁점으로 떠오르고 있습니다.

이러한 논의는 인권이 단순히 한 체제의 문제가 아니라 모든 인간에게 보편적으로 적용되는 가치라는 인식에서 출발합니다. 국제사회는 표현의 자유, 이동의 자유, 고문과 강제노동의 금지, 생존권 보장 등 핵심 인권을 모든 국가와 체제가 지켜야 할 최소한의 기준으로 제시해 왔습니다. 이에 따라 북한의 인권 문제를 통일 논의의 선결 과제로 삼아야 한다는 입장은 다음과 같은 논리를 따릅니다. 우선, 인권 침해가 광범위하게 발생하는 상황에서 체제 통합을 먼저 추진하는 것은 도덕적 정당성을 잃게 만든다는 우려가 큽니다. 억압과 공포 속에 살아가는 주민들의 현실을 외면한 채 정치적 통일만을 우선시할 경우, 남북한 통합 이후 사회 내부의 신뢰와 통합을 이뤄내는 데 큰 걸림돌이 될 수 있다는 것입니다. 이들은 '먼저 인권, 그 다음에 통일'이라는 구호 아래, 인권 개선 없이는 진정한 의미의 공동체 회복도 불가능하다고 주장합니다.

반면, 통일이 선행되어야만 인권 개선이 가능하다는 실용적·전략적 접근도 존재합니다. 이 입장에 따르면, 현재의 분단 상태에서는 북한 체제 내부의 폐쇄성과 정보 통제로 인해 인권 문제에 직접 개입하거나 변화를 유도하는 것이 극히 어렵습니다. 즉, 인권 개선을 위한 실질적 수단이 없으며, 오히려 통일을 통해 제도 개혁과 법적·사회적 보호 체계를 수립함으로써 장기적으로 인권 보장이 가능하다는 논리입니다. 또한 이들은 북한 인권 문제를 통일 담론의 전면에 내세우는 것이 오히려 남북 간의 신뢰 형성과 대화 채널 유지에 장애물로 작용할 수 있다고 우려합니다. 실제로 북한은 자국의 인권 실태에 대한 외부의 비판을 '체제 전복 시도'로 간주하며 강하게 반발해 왔고, 이러한 충돌은 인도주의적 교류나 평화적 접근마저 중단시키는 사례를 만들어왔습니다.

요컨대, 한쪽은 보편적 윤리와 정의의 우선순위를, 다른 쪽은 현실적 접근과 통일 이후의 인권 개선 가능성을 강조합니다. 이처럼 두 입장은 각기 다른 가치와 전략적 판단에 기반하고 있으며, 어느 쪽도 쉽게 옳고 그름을 판단하기 어려운 복합적 쟁점임을 보여줍니다.

실제로 북한의 인권 문제는 국제사회로부터 매우 심각한 수준으로 인식되고 있으며, 그에 대한 공식적인 조사와 보고도 다수 존재합니다. 유엔 북한인권조사위원회(UN COI)는 2014년 최종 보고서에서 “북한에서 발생하는 인권 침해는 조직적이고 광범위하며, 국가 정책의 일부로 체계적으로 이루어지고 있다”고 지적하였습니다. 특히 보고서는 “이러한 인권 침해는 정치적 반대자에 대한 처벌, 종교 및 표현의 자유 억압, 이동의 자유 제한, 고문 및 부당한 구금, 강제 실종, 공개처형, 그리고 정치범 수용소에서의 비인도적 처우를 포함한다”며, 이는 “반인도적 범죄에 해당할 수 있는 수준”이라고 평가하였습니다(UN Human Rights Council, 2014, A/HRC/25/63, para. 76-95). 또한 휴먼라이츠워치(Human Rights Watch)는 2020년 발표한 북한 보고서에서 다음과 같이 경고하였습니다. “북한 정부는 국민의 정치적 복종을 유지하기 위한 수단으로 고문, 자의적 구금, 공개처형, 강제노동, 감시 및 사상 통제 등을 체계적으로 사용하고 있으며, 사법 절차는 거의 존재하지 않는다” (Human Rights Watch, 2020). 특히 보고서 제목은 “동물만도 못한 취급(Worth Less Than an Animal)”으로, 북한 구금시설에서의 인권 상황을 직접 경험한 탈북자들의 증언에 기반한 내용입니다. 이처럼 북한의 인권 상황은 단순한 내부 문제를 넘어 국제적 기준에서 ‘반인도적 범죄’로까지 간주되고 있으며, 이는 한반도의 통일을 논의하는 과정에서 결코 외면할 수 없는 핵심적인 쟁점으로 자리잡고 있습니다. 따라서 우리는 통일이라는 역사적 과제를 수행함에 있어, 북한 주민의 인권을 어떻게 바라보고 다룰 것인가라는 깊은 윤리적 · 정치적 고민에 직면하게 되는 것입니다.

여러분은 통일정책위원회의 구성원입니다. 여러분 중 2명은 국제 인권단체의 자문역할을 맡고 있습니다. 이들은 인권은 어떤 경우에도 타협할 수 없는 가치이며, 북한 주민의 기본권이 보장되지 않은 상태에서 이루어지는 통일은 공동체의 정당성을 해친다고 생각합니다. 반면 다른 2명은 평화통일추진기구 소속으로, 인도주의적 교류와 체제 통합을 통해 인권 문제를 장기적으로 해결해 나가야 한다고 믿고 있습니다.

비록 서로 다른 입장을 갖고 있지만, 여러분은 모두 하나의 통일 공동체 안에서 함께 살아갈 시민입니다. 이 상황에서 여러분은 ‘북한의 인권 문제를 통일보다 우선시해야 하는가?’라는 주제에 대해 근거를 들어 주장하고, 서로의 입장을 이해하며, 공동체가 수용 가능한 결론을 도출해야 합니다.

여러분은 지금, 통일의 방향을 결정할 중요한 순간에 서 있습니다. 이 문제에 대해 깊이 생각하고 토론해 보세요.

활동지 3 국제 인권단체 자문 측 자료(1)

________반 모둠명________________

▣ 북한 인권을 통일보다 우선시해야 한다는 입장에 관한 기본 논리

"통일보다 북한 인권을 먼저 고려해야 합니다."

이제부터 여러분은 국제 인권단체의 자문가가 되어 북한 주민의 인권을 보호하는 입장에 서야 합니다. 또한 여러분은 북한의 인권 문제는 통일보다 먼저 해결되어야 하며, 인권 보장 없이는 도덕적으로 정당한 통일이 이루어질 수 없다고 믿습니다. 인권은 이념과 체제를 초월한 보편적 가치이며, 어떤 정치적 명분이나 전략적 이유로도 침해되어서는 안 된다는 것이 여러분의 핵심 신념입니다.

여러분은 국제 인권의 기준을 옹호하는 자로서, 북한 인권 문제가 통일보다 선행되어야 한다는 입장을 일관되게 주장해야 합니다. 이를 위해 여러분은 상대방을 설득해야 합니다. 설득의 과정에서 다음과 같은 근거를 활용해야 합니다.

- 유엔 북한인권조사위원회(COI)와 휴먼라이츠워치(HRW)의 공식 보고서
- 정치범 수용소, 고문, 공개처형, 강제노동 등 체계적인 인권 침해 사례
- 인권이 통일의 정당성을 구성하는 핵심 전제라는 국제 인권법의 원칙
- 인권을 외면한 통일이 공동체 내부 갈등을 심화시킬 수 있다는 점

여러분은 상대방에게 북한 인권을 우선시하는 것이 윤리적·실천적으로 왜 정당한 선택인지, 그리고 통일 이후의 건강한 사회통합을 위해서도 왜 필요한지를 보여줘야 합니다. 반대 측이 주장하는 "통일 이후에 인권을 개선할 수 있다"는 논리에 대해, 현재의 억압 구조에서는 변화를 기대하기 어렵고, 인권을 외면한 접근은 평화의 기반을 약화시킬 수 있다는 점을 논리적으로 반박해야 합니다.

여러분은 개인적으로 이 입장에 동의하든 동의하지 않든 관계없이, 가능한 한 일관되고 설득력 있게 이 입장을 주장해야 합니다. 이를 위해 신뢰할 수 있는 정보와 논리적 근거를 사용해야 하며, 창의적인 방식으로 새로운 주장도 개발할 수 있습니다. 상대방이 제시하는 주장에 질문을 던지고, 논리적 허점을 찾아내며, 근거 자료 제시를 요구하는

등 적극적으로 논쟁에 참여해야 합니다. 따라서 여러분은 북한 인권의 현실에 대해 충분히 학습하고, 그 현실을 외면한 통일이 어떤 위험을 초래할 수 있는지에 대해 깊이 있는 논의를 준비해야 합니다.

여러분은 개인적으로 이 입장에 동의하든 동의하지 않든 관계없이, 가능한 한 일관되고 설득력 있게 이 입장을 주장해야 합니다. 이를 위해 신뢰할 수 있는 정보와 논리적 근거를 사용해야 하며, 창의적인 방식으로 새로운 주장도 개발할 수 있습니다. 상대방이 제시하는 주장에 질문을 던지고, 논리적 허점을 찾아내며, 근거 자료 제시를 요구하는 등 적극적으로 논쟁에 참여해야 합니다. 따라서 여러분은 북한 인권의 현실에 대해 충분히 학습하고, 그 현실을 외면한 통일이 어떤 위험을 초래할 수 있는지에 대해 깊이 있는 논의를 준비해야 합니다.

활동지 4 국제 인권단체 자문 측 자료(2)

________반　　모둠명________________

▣ 북한 인권을 통일보다 우선시해야 한다는 입장의 근거

1. 북한 인권 문제는 국제사회가 지속적으로 제기하는 핵심 과제입니다.

북한의 인권 문제는 단순한 내부 문제가 아니라 국제사회가 반복적으로 공식 보고서를 통해 지적해 온 국제적 공통 관심 사안입니다. 유엔 인권이사회 산하 북한인권조사위원회(COI)는 2014년 최종 보고서에서 "북한에서 발생하는 인권 침해는 조직적이고 광범위하며, 이는 국가 정책의 일부로 체계화되어 있다"고 명시하였습니다(United Nations Human Rights Council, 2014). 또한 휴먼라이츠워치(Human Rights Watch, 2020)는 북한이 "정치적 복종을 유지하기 위한 수단으로 고문, 자의적 구금, 공개처형, 강제노동, 감시와 사상 검열을 체계적으로 사용하고 있으며, 사법 절차는 거의 존재하지 않는다"고 보고하였습니다. 이러한 자료는 북한의 인권 침해가 단편적인 문제가 아니라 국가 차원의 억압 체제임을 보여주며, 인권 문제를 외면한 통일은 국제사회의 신뢰와 협력을 얻기 어렵다는 점을 시사합니다.

2. 인권 없는 통일은 도덕적 정당성을 잃을 수 있습니다.

인권은 체제나 이념을 초월한 보편적 가치이며, 인간의 존엄성은 어떤 통일 논리보다 우선합니다. 세계인권선언 제1조에는 "모든 인간은 태어날 때부터 자유로우며, 존엄과 권리에 있어서 평등하다"고 명시되어 있습니다. 그러나 북한에서는 정치범 수용소, 고문, 강제노동, 공개처형, 이동 제한 등 기본권이 심각하게 침해되고 있습니다. 이러한 현실을 외면하고 정치적 통일만을 추진한다면, 통일 공동체의 윤리적 기반이 훼손될 수 있습니다. 통일 이후에도 북한 주민의 자유와 권리가 존중되지 않는다면, 이는 또 다른 억압 구조를 만드는 셈이 될 수 있으며, 사회 내부의 갈등과 불신을 심화시킬 수 있습니다. 따라서 북한 인권 문제를 우선적으로 해결하는 것은 통일의 도덕적 정당성을 확보하고, 지속가능한 공동체 형성의 기초를 마련하는 데 필수적입니다.

3. 북한 인권 개선은 국제사회와의 연대를 위해 필요합니다.

브루킹스연구소(Brookings Institution)의 분석에 따르면, "남북 관계는 단순한 한반도 내부의 문제가 아니라 국제사회—특히 미·한·중·일을 포함한 주변국과의 외교·안보·경제 협력을 통해 평화적 공존을 모색해야 하는 과제"라고 강조합니다. 이처럼 오늘날 통일은 단순히 남북 간의 문제가 아니라, 국제사회와 협력하는 외교적 과정입니다. 국제사회는 인권을 외교적 협력의 핵심 기준으로 간주하고 있으며, 북한 인권 개선을 위한 한국의 노력은 국제사회의 신뢰와 지지를 확보하는 데 중요한 역할을 합니다. 실제로 유엔인권이사회(UN Human Rights Council)는 2025년 회기에서 북한 인권 문제를 다루며, "DPRK(Democratic People's Republic of Korea)는 국제인권법을 준수하고, 권고에 진정성 있게 응답해야 한다"고 명시한 결의안을 채택하였습니다. 한국 정부는 이에 지지를 표명하며, 유엔 이사국으로서 "북한 인권 개선은 국제사회와의 신뢰와 책임 있는 민주국가로서의 위상에 직결되는 문제"라고 강조했습니다(Council on Foreign Relations, 2024). 또한, 국제 NGO 및 인권단체들은 북한 인권 중심의 접근을 "통일 외교에서의 도덕적 기반"이자, "다자 협력을 이끄는 공동의 언어"라고 보고 있습니다.

4. 인권 개선은 오히려 통일을 촉진할 수 있습니다.

북한 인권 문제는 통일의 장애물이 아니라, 통일을 위한 여건을 조성하는 중요한 기제가 될 수 있습니다. 인권 개선은 북한 주민의 권리 의식을 고취시키고, 남북 상호 이해와 교류 기반을 확대함으로써 궁극적으로 통일 가능성을 높일 수 있습니다. 유엔 북한인권특별조사관은 2025년 6월 보고서에서 다음과 같이 언급하였습니다. "인권 중심의 접근이 북한을 외부와 단절된 고립 상태에서 벗어나게 하는 핵심이며, 장기적으로는 평화적 통일의 조건을 조성할 수 있다(Reuters, 2025)". 또한 그는 "수감소와 강제노동 시설이 여전히 운영 중이나, 국제 협력과 인도적 교류가 이를 점진적으로 변화시킬 수 있다"며, 인권 개선을 북한 사회 변화의 촉매로 간주하였습니다. 이처럼 인권은 통일을 가로막는 장벽이 아니라, 오히려 더 지속 가능하고 도덕적으로 정당한 통일을 가능하게 하는 기반 조건입니다.

활동지 5 평화통일 추진 기구 측 자료(1)

________반 모둠명________________

▣ 통일이 인권보다 우선되어야 한다는 입장의 기본 논리

"통일이야말로 북한 주민의 자유와 권리를 실현할 수 있는 현실적 해답입니다."

이제부터 여러분은 한반도의 평화와 안정을 위한 통일이 북한 인권 개선보다 우선되어야 한다는 입장을 가진 정부 정책 자문가의 역할을 맡게 됩니다. 여러분은 인권이라는 이상이 중요하다는 점에는 동의하지만, 실질적이고 지속가능한 인권 개선은 통일이라는 구조적 변화 없이는 어렵다고 믿고 있습니다.

현재 북한의 폐쇄적이고 억압적인 체제는 외부의 인권 개선 요구에 전혀 반응하지 않고 있으며, 오히려 이를 체제 위협으로 간주하고 대화를 거부하고 있습니다. 실제로 유엔이나 국제 NGO의 보고서와 인도적 지원조차 "적대행위"로 규정되는 사례가 반복되고 있습니다. 이러한 현실 속에서 인권 개선을 통일의 전제 조건으로 삼는 것은 오히려 남북 대화를 중단시키고, 긴장을 고조시키며, 통일을 더욱 어렵게 만들 수 있습니다.

반면, 통일이 이루어지면 북한 주민에게는 법적 보호 체계, 경제적 지원, 표현의 자유, 교육의 기회 등 실질적인 인권 보장이 가능해집니다. 실제로 독일 통일 이후 동독 주민들의 인권이 비약적으로 개선된 사례에서 볼 수 있듯이, 제도 통합과 사회 시스템 변화가 인권 향상의 출발점이 될 수 있습니다. 따라서 인권 문제를 선결 조건으로 고집하기보다, 통일을 통해 인권이 보장될 수 있는 환경을 먼저 만들어야 한다는 것이 여러분의 기본 입장입니다.

여러분은 이 입장을 설득력 있게 주장해야 합니다. 북한 주민을 위한 실질적 인권 개선은 외부의 압력이나 선언으로 이루어지는 것이 아니라, 통일이라는 정치적·제도적 전환을 통해 점진적으로 가능하다는 점을 강조하세요. 상대방의 주장을 경청하되, 인권만을 우선시하는 접근이 통일의 기회를 놓치고, 남북 관계를 악화시킬 수 있다는 점을 근거와 함께 지적해야 합니다.

여러분은 개인적으로 이 입장에 동의하든 그렇지 않든 관계없이, 수업에서는 통일이 인권보다 우선되어야 한다는 논리를 일관되고 합리적으로 전개해 주시기 바랍니다. 통일이야말로 인권의 현실적 보장을 가능하게 하는 열쇠라는 확신을 가지고 논쟁에 임해주세요.

활동지 6 평화통일 추진 기구 측 자료(2)

________반 모둠명________________

▣ 통일이 인권보다 우선되어야 한다는 입장의 근거

1. 북한은 인권 개선 요구에 강하게 반발하고 있으며, 이는 통일 대화를 방해합니다.

북한은 국제사회나 한국 정부의 인권 개선 요구에 대해 정상국가로서의 비판이 아닌, 체제를 전복하려는 적대적 행위로 받아들이는 경향이 있습니다. 예를 들어, 2020년 탈북단체가 대북전단을 살포한 이후 북한은 개성 남북공동연락사무소를 폭파하며 모든 남북 연락선을 차단하였습니다. 김여정 부부장은 당시 "삐라 살포는 적대행위이며, 남북관계의 전면 파기를 각오하겠다"고 공식 발표하였습니다. 이후 남북 간 통신망은 완전히 끊겼고, 군사적 긴장이 고조되었습니다(한겨레신문, 2020). 이는 북한이 인권 문제 제기를 '대화 거부' 혹은 '군사적 대응'의 명분으로 활용한다는 점을 보여주며, 인권 개선을 통일의 선행 조건으로 삼는 접근이 오히려 평화와 통일을 지연시킬 수 있음을 시사합니다.

2. 독일 통일 사례는 인권 개선이 통일 이후 제도 통합을 통해 실현될 수 있음을 보여줍니다.

동·서독 통일은 정치적 통합을 선행한 후, 제도적 개혁을 통해 인권 개선이 이루어진 대표적인 사례입니다. 염돈재(2012)는 독일 통일 과정을 분석하며, 동독 주민들은 통일 이전까지 억압적 사회주의 체제 아래에서 정치적 권리와 사회적 보호를 충분히 누리지 못했지만, 통일 이후 서독의 기본법(GG, Grundgesetz)이 동독 지역에 전면 적용되면서 비로소 실질적인 인권 보장을 경험하게 되었다고 평가하였습니다. 특히 그는 "정치적 자유, 표현과 언론의 자유, 사회보장 제도의 혜택, 법 앞의 평등 및 사법적 보호 등은 통일 이후에야 동독 주민들에게 구체적인 권리로 작동하였다"며, 제도 통합이 인권 향상의 전제 조건이자 촉진 요인이라는 점을 강조하였습니다(염돈재, 2012, p. 140).

이는 남북한의 상황에도 유사하게 적용될 수 있는 통찰을 제공합니다. 북한 주민들은 현재 국제적으로 인정받는 인권 기준에서 벗어난 생활을 강요받고 있으며, 외부에서의 인권 개선 압박은 정치적 긴장을 고조시키거나 북한 체제의 반발을 유발하는 데 그치는 경우가 많습니다. 염돈재의 분석은 북한 인권 문제의 근본적 해결을 위해서는 남북 간의 정치적 통합과 법적 체계의 통일이 선행되어야 하며, 그 안에서야 비로소 실질적이고 구조적인 인권 보장이 가능하다는 점을 뒷받침해 줍니다. 다시 말해, 제도적 통일은 북한 주민에게 인권을 '요구 대상'이 아닌 '보장된 권리'로서 경험하게 만드는 결정적 전환점이 될 수 있는 것입니다.

3. 국제사회도 인권보다 '평화 질서 구축'과 '외교적 신뢰 형성'을 우선시하고 있습니다.

통일 문제는 단순히 남북한 내부의 문제가 아니라, 동북아시아 전체의 안보 지형, 국제 정치 질서, 다자 외교 전략과 밀접히 연관된 과제입니다. 미국의 대표적인 싱크탱크인 Brookings Institution(2024)은 보고서에서 다음과 같이 분석하였습니다.

"한반도의 평화 정착과 통일 추진은 단지 인권 문제 해결만으로 가능한 것이 아니라, 미국, 중국, 일본 등 주변국과의 외교적 협력과 전략적 안정을 바탕으로 추진되어야 한다." 또한 이 보고서는 다음과 같은 점을 분명히 경고합니다. "인권을 중심으로 한 압박 전략은 북한 정권의 고립을 더욱 심화시키고, 남북 간 대화와 구조적 전환의 기회를 오히려 저해할 수 있다."

이는 국제사회가 인권의 보편적 가치를 인정하면서도, 실제적 효과를 거두기 위해서는 외교적 신뢰 형성과 평화적 질서 구축이 선행되어야 한다는 전략적 판단을 공유하고 있음을 보여줍니다. 특히 국제사회는 북한의 체제 특성과 폐쇄성, 그리고 안보 불안정성을 고려하여 인권을 최우선이 아닌, 장기적 · 점진적 접근이 필요한 사안으로 간주하는 경향이 강합니다. 따라서 국제사회에서조차도 '인권 우선'보다는 '통일을 통한 구조적 전환'이 인권 보장을 위한 현실적 수단이 될 수 있다는 관점이 설득력을 얻고 있습니다.

4. 한국 정부 역시 인권보다 평화와 협력을 우선시하는 외교 정책으로 기조를 전환하고 있습니다.

대한민국 정부의 최근 대북 정책 역시 현실적인 안보 환경과 남북 간의 관계 회복 가능성을 고려하여, 인권 중심 접근보다는 평화와 협력 중심의 접근을 우선시하는 방향으로 변화하고 있습니다. 2024년 10월 외교부가 발표한 「대북 정책 기조 설명자료」에 따르면,

"한반도의 항구적 평화를 위한 대화와 협력이 우선이며, 인권 문제는 통일과 평화 기반 위에서 지속적이고 점진적으로 개선해야 한다." 또한 정부는 대북 확성기 방송과 전단 살포 등 기존의 '심리전 수단'을 사실상 중단하며, "긴장 완화와 신뢰 회복이 우선되어야 하며, 인권 개선은 이를 바탕으로 해야 한다."는 입장을 공식화하였습니다(외교부 보도자료, 2024.10.2).

이러한 입장 변화는 단순한 정책 조정이 아니라, 정부 차원에서 인권 문제보다 남북간 상호 신뢰 회복, 군사적 긴장 완화, 평화체제 구축을 우선시하는 전략적 전환이라고 볼 수 있습니다.특히, 대화를 통한 관계 개선이 이루어지지 않으면 인권 문제도 진전을 보일 수 없다는 점에서, 한국 정부 역시 국제사회와 마찬가지로 통일과 평화가 인권 보장의 실질적 조건이라는 시각을 채택하고 있다고 해석할 수 있습니다.

학생평가 자신의 활동과 모둠원의 활동을 평가해 보아요.

________반 모둠명________________

1 자기평가

1	나는 찬성과 반대 입장 모두에 대해 객관적인 정보와 근거를 이해하려고 노력했다.	1 2 3 4 5
2	상대 입장을 반박할 때, 감정적 표현이 아닌 논리적 근거를 중심으로 접근하려 했다.	1 2 3 4 5
3	상대 입장을 바꾸어 말해보는 '입장 바꾸기' 활동에서, 상대방의 관점을 존중하며 설명할 수 있었다.	1 2 3 4 5
4	공동 결론을 도출하는 과정에서 내 주장뿐만 아니라 집단의 합의를 고려하며 협력하였다.	1 2 3 4 5
5	이번 논쟁 활동을 통해 통일과 인권 문제를 더 깊이 있게 성찰하게 되었다.	1 2 3 4 5

※ 수업이 끝난 후에도 추가적으로 탐구하고 싶은 내용이 있다면 간략히 적어봅시다.

2 동료평가

1	자신의 입장을 명확하게 설명하면서도 상대의 주장에 귀 기울였다.	1 2 3 4 5
2	상대 입장을 반박할 때 논리적이고 설득력 있는 근거를 사용하였다.	1 2 3 4 5
3	입장 바꾸기 단계에서 상대방의 관점을 잘 이해하고 진지하게 대변하였다.	1 2 3 4 5
4	공동 결론 도출 과정에서 타인의 의견을 존중하며 적극적으로 협력하였다.	1 2 3 4 5
5	논쟁 전 과정에 성실하게 참여하고, 조별 분위기를 긍정적으로 이끌었다.	1 2 3 4 5

참고 문헌

김지은(2020, 6월 25일), "대북전단 살포 이후 남북 연락선 전면 차단…북한 '적대행위 응징' 경고", 한겨레신문.

염돈재(2012), "독일 통일의 교훈과 한반도 통일"『한국보훈논총』, 11(2), 125-150.

외교부(2024, 10월 2일), 『대북 정책 기조 설명자료』, 서울: 대한민국 외교부.

정창우 외(2020), 『도덕과 교재 연구 및 지도법』, 파주: 교육과학사.

최윤정, 추병완(2020), "시민 심의를 위한 건설적 논쟁의 활용 방안", 『초등도덕교육』, 1, 129-162.

추병완, 최윤정, 정나나, 신지선(2020), 『건설적 논쟁 수업을 통한 시민교육』, 서울: 한국문화사.

통일부(2024), 『2024년 학교 통일교육 실태조사 결과 공개 [보도자료]』, https://www.unikorea.go.kr/unikorea/news/release/?boardId=bbs_0000000000000004&mode=view&cntId=55743.

Brookings Institution(2024). *On the brink: Why inter-Korean relations have reached a new low*. https://www.brookings.edu

Council on Foreign Relations(2024, March 20). *Strengthening human rights-centered approaches toward North Korea*. https://www.cfr.org/blog/strengthening-human-rights-centered-approaches-toward-north-korea

Human Rights Watch(2020). *World Report 2020: North Korea*. https://www.hrw.org/world-report/2020/country-chapters/north-korea

Johnson, D. W.(2015). *Constructive controversy: Theory, research, practice*. Cambridge University Press, 추병완 역(2019), 『4차 산업혁명 시대의 혁신교수법: 건설적 논쟁의 이론과 실제』, 서울: 도서출판 하우.

Johnson, D. W., & Johnson, R. T.(2005). "Essential components of peace education", In G. Salomon & B. Nevo (Eds.), *Peace education: The concept, principles, and practices around the world*(pp. 287-299), Mahwah, NJ: Lawrence Erlbaum Associates.

Reuters(2025, June 20). *Rights abuses continue in North Korea a decade after probe, says UN investigator*. https://www.reuters.com/world/asia-pacific/rights-abuses-continue-north-korea-decade-after-probe-says-un-investigator-2025-06-20

UNESCO(2015). *Global citizenship education: Topics and learning objectives*, Paris: UNESCO Publishing.

United Nations Human Rights Council(2014). *Report of the Commission of Inquiry on Human Rights in the Democratic People's Republic of Korea*, A/HRC/25/63.

제3장

프로젝트 학습에 기반한 통일교육

김진하(개봉중학교)

1 프로젝트 학습의 개념 및 이론적 배경

프로젝트 학습(Project-based Learning)은 학습자가 주도권을 가지고 자신의 관심사에서 출발한 과제를 설정하고, 그 해답을 찾아 나가는 탐구 중심의 교육 방법이다(김혜경, 2015). 이 학습법의 기원은 킬패트릭(Kilpatrick, 1980)이 'project method'라는 개념을 제시한 것에서 찾을 수 있다. 그는 학습자가 실제 삶에서 만날 수 있는 문제를 바탕으로 진정한 목적의식을 갖고 프로젝트를 이끌며, 그 결과물을 타인과 공유하는 과정 중심의 학습을 제안했다.

특히 킬패트릭은 학습자의 '전심전력(Wholeheartedness)'을 단순한 과제 수행과 진정한 의미의 프로젝트를 구분하는 핵심 기준으로 삼았다(안숙현, 2020: 48). 즉, 학습자가 학습의 전 과정에 자발적인 열정을 쏟아부을 때에만 비로소 프로젝트 학습이라 할 수 있으며, 만약 주어진 과제라는 형식 때문에 이러한 열정이 사라진다면 그 본질을 잃은 것으로 보았다.

한편, 프로젝트 학습은 의과 대학에서 발전한 문제중심학습(Problem-based Learning)의 후속 모델로 여겨지기도 한다(김혜경, 2015). 두 모델 모두 정형화되지 않은 실제적 문제를 기반으로 학습자의 능동성을 강조한다는 공통점을 지닌다. 그러나 이 둘은 분명한 차이가 있는데, 문제중심학습이 '문제 해결'에 집중하는 반면, 프로젝트 학습은 '프로젝트 수행 과정' 자체에 초점을 맞추며 학습하는 '방법'을 배우는 것을 더 중시한다(정준환, 2019; 안숙현, 2020).

이러한 특성을 바탕으로 프로젝트 학습의 핵심 요소를 정리하면 다음과 같다. 첫째, 학습자의 몰입을 유도하는 것이 중요하다. 교수와 학습자 간의 긴밀한 상호작용을 통해 학습자의 지적 호기심을 자극하는 주제를 선정해야만 학습자가 주도성과 열정을 가지고 프로젝트에 임할 수 있다. 교육과정 안에서 이 학습법을 활용하고자 한다면, 교사는 학생들의 관심사를 미리 파악하여 학습 목표와 연계된 폭넓은 주제들을 제안할 수 있는 준비가 필요하다.

둘째, 학습자에게 선택의 기회를 폭넓게 제공해야 한다. 프로젝트 학습을 이끄는 힘은 학습자의 열의와 주도성이기 때문이다. 따라서 주제 선정이나 조사 방식, 결과물 표현 형식 등 학습 과정의 여러 단계에서 학습자가 스스로 선택하고 있다는 느낌을 받을 수 있도록 많은 기회를 부여해야 한다.

셋째, 학습자 참여자 간의 활발한 상호작용이 필수적이다. 여기서 학습 참여자에게는 교사도 포함된다. 교사는 권위적인 지식 전달자가 아닌 학습자의 안내자이자 조력자로서 시기적절한 도움을 주어야 하며, 학습자들 사이의 적극적인 소통을 장려하여 협업 능력과 의사소통 능력을 함양할 수 있도록 지원해야 한다.

넷째, 학습과정의 결과물을 도출해야 한다(Lamer & Mergendoller, 2010; 여상한, 엄우용, 2017: 872에서 재인용). 이는 단순히 수준 높은 결과물을 만들어내는 것을 목표로 하는 것이 아니다. 학습 과정을 성공적으로 마무리하고 그 안에서 성취감을 느끼게 하기 위한 장치인 것이다. 다시 말해, 결과물은 학습자에게는 프로젝트를 완수했다는 성취감과 만족감을 주는 근거가 되고, 교수자에게는 학습 과정을 평가할 수 있는 자료가 된다.

② 프로젝트 학습의 절차

학교 현장에서 프로젝트 학습을 성공적으로 실행하기 위해서는 교사의 철저한 사전 준비 단계가 필수적이다. 교사는 담당하는 교육과정을 분석하여 프로젝트에 적합한 주제들을 발굴하고, 전체적인 수업 시나리오를 구상하여 필요한 시간을 확보해야 한다. 이처럼 교사의 준비가 완료된 후에야 학생 중심의 본격적인 프로젝트 활동을 시작할 수 있다. 전체 과정은 아래와 같이 '교사 준비 단계'와 '학생 활동 단계'로 나눌 수 있다.

단계 구분	학습 절차 내용
교사 준비 단계	• 교육과정 분석하기 • 잠정적 주제 선정하기 • 대주제 및 소주제 선정하기 • 프로젝트 진행 예상해보기
학생 활동 단계	• 프로젝트 주제 탐색 및 선택하기 • 프로젝트 수행하기 • 프로젝트 결과물 발표하기

(김영주, 2014: 275 재구성)

프로젝트 기반 학습의 단계는 주제 선정, 수행, 결과 발표로 간략히 제시되고 있기 때문에 실제 수업 현장에 적용하기 위해 절차를 구체화하면 다음과 같다.

<표 1> 프로젝트 학습의 절차

1	수업 안내 및 동기유발	• 프로젝트 학습 절차 안내 • 동기유발
2	주제 탐색 및 선택하기	• 대주제 제시하기 • 대주제 분석을 통한 소주제 선택 - 교사 차원에서 소주제 선택지 제시 가능
3	선택한 주제 탐구하기	• 개별학습 및 모둠학습 실시하기 • 모둠 내 토의를 통한 자료 종합 및 정리하기
4	결과물 정리 및 발표하기	• 모둠별 결과물 정리하기 • 학급 단위 결과물 발표하기
5	결과물 공유 및 실천하기	• 프로젝트의 결과를 실천하거나 결과물 홍보하기
6	자기평가 및 동료평가	• 학습 참여도에 대한 자기평가 및 동료평가

3 프로젝트 학습을 통한 증거 기반 통일교육의 필요성

최근 진행된 국내외 메타분석 연구들은 프로젝트 학습이 학업 성취, 고차 사고력, 협업 능력, 학습 동기 등 다양한 영역에서 유의미한 효과를 나타낸다는 사실을 확인해왔다(박일수, 2019; Zhang, L., & Ma, Y., 2023). 특히 교육과정 전반에서 지식 전달 중심 수업의 한계를 극복하고 학습자의 능동적 참여를 촉진하는 교수·학습 방법으로서 프로젝트 학습의 실효성은 다수의 실증 연구에서 입증되고 있다. 예를 들어 박일수(2019)의 연구는 프로젝트 학습이 학생들의 복잡한 문제 분석 및 창의적 해결 역량을 증진하는 데 긍정적인 영향을 미친다고 밝혔다. 이러한 연구 결과를 종합해 보면, 급변하는 사회·정치적 환경 속에서 복합적이고 장기적인 과제를 다루는 통일교육에 PBL을 접목하는 것은 타당하다. 특히 증거 기반 교육의 관점에서 볼 때, 프로젝트 학습은 다음 세 가지 측면에서 통일교육에 중요한 가치를 가진다.

첫째, 프로젝트 학습은 비판적 사고 및 문제해결 능력 함양에 효과적이다. 통일 문제에 대한 사회적 인식은 세대별로 뚜렷한 차이를 보이고 있다. 예컨대 통일을 해야 하는 주된 이유에 대해, 노령층은 '같은 민족'이라는 민족적 정체성을 가장 중요한 가치로 꼽는 반면, 젊은 세대는 '전쟁 위협 해소'를 핵심 이유로 인식한다(이상신 외, 2024). 이러한 세대 간 인식 차이는 통일 문제가 단순히 찬반의 문제를 넘어 정치·경제·문화·안보 등 다차원적 요인을 내포하고 있는 복합적 과제임을 보여준다.

프로젝트 학습은 학습자가 실제적이고 의미 있는 문제를 스스로 발굴하고 해결하는 과정을 중시한다. 이를 통해 학습자는 문제를 단편적으로 바라보는 것이 아니라, 다양한 이해관계와 맥락을 종합적으로 고려하며 비판적으로 사고하는 역량을 기르게 된다. 박일수(2019)의 연구에 따르면, 프로젝트 학습은 학생들이 복잡한 사회문제를 구조적으로 분석하고 대안을 설계하는 데 효과적이다. 따라서 통일교육에서 프로젝트 학습을 적용하면, 단순한 지식 습득을 넘어 통일 문제를 비판적으로 분석하고 창의적으로 해결할 수 있는 능력을 체계적으로 함양할 수 있다

둘째, 프로젝트 학습은 협동 능력 및 의사소통 능력에 효과적이다. 통일 이후의 한반도 사회는 대규모 사회 통합과 화해, 다양한 집단 간의 협력적 문제 해결을 필수적으로 요구할 것이다. 정치적 이념, 지역적 배경, 경제적 이해관계가 다른 집단이 공존하는 사회에서 갈등을 최소화하고 상호 신뢰를 형성하기 위해서는 고도의 협동 능력과 효과적인 의사소통 능력이 필요하다.

프로젝트 학습은 본질적으로 협동학습의 성격을 강하게 띤다. 학습자들은 공동의 프로젝트를 수행하며 정보와 아이디어를 공유하고, 다양한 의견을 조율하며, 공동의 결론을 도출하는 과정을 거친다. 이러한 상호작용은 단순한 '역할 분담' 수준을 넘어, 타인의 관점을 경청하고 존중하며 문제를 해결하는 협력적 태도를 형성하게 한다. 또한, 프로젝트 수행 과정에서 요구되는 발표, 토론, 자료 제시 등은 의사소통 능력을 향상시킨다. 통일교육에서 이러한 역량을 기르는 것은 향후 남북 사회 통합 과정에서 나타날 다양한 갈등 상황을 평화적으로 해결할 수 있는 시민을 양성하는 데 기여한다.

셋째, 프로젝트 학습은 통일교육에 대한 학습 참여 동기를 증진시킬 수 있다. 2024년 조사 결과, 밀레니얼 세대의 46.5%만이 통일의 필요성에 동의하였으며, 이는 전 세대 중 유일하게 50%를 밑도는 수치였다. 반면 전쟁 세대에서는 73.6%가 통일

이 필요하다고 응답했다. 또한 밀레니얼 세대 중 '통일이 개인에게 이익이 된다'고 생각한 비율은 23.5%로 매우 낮았으며, '통일이 국가에 이익이 된다'고 응답한 비율도 59.8%에 그쳤다(이상신 외, 2024). 이러한 데이터는 젊은 세대일수록 통일에 대한 관심과 필요성 인식이 점차 약화되고 있음을 시사한다.

이러한 상황에서 학습자의 참여 동기는 통일교육의 성패를 좌우하는 핵심 요인이다. 프로젝트 학습은 학생들이 수동적으로 지식을 전달받는 대신, 주체적으로 학습 과정에 참여하도록 유도한다. 실제로 최근 연구는 프로젝트 학습이 학습자의 내재적 동기와 자기주도성을 유의미하게 향상시킨다고 보고하였다(Almulla, M. A., 2020). 통일교육에서 프로젝트 학습을 활용하면, 학생들이 통일 문제를 '자신의 문제'로 인식하고 주체적으로 해결 방안을 모색하게 함으로써 장기적이고 지속적인 학습 참여를 이끌어낼 수 있다.

종합하면, 프로젝트 학습은 비판적 사고 및 문제 해결 능력, 협동 및 의사소통 역량, 학습 참여 동기라는 세 가지 측면에서 통일교육의 효과성을 높이는 중요한 교수·학습 전략이다. 특히 국내외 연구들이 축적한 실증적 근거는, 프로젝트 학습이 복합적 사회문제를 다루는 교육 영역에서 탁월한 성과를 거둘 수 있음을 뒷받침한다.

4 프로젝트 학습을 통한 증거 기반 통일교육의 적용 사례

1) 교수 · 학습 활동 개관

관련 교과	도덕	학습주제	통일의식 함양 프로젝트	차시	6차시 이상
관련 교과 성취 기준	6도03-03 통일과정과 통일 이후 사회의 여러 가지 상황을 예상하고 바람직한 통일과정과 통일국가의 사회상을 제시한다. 9도03-03 북한에 대한 이해를 바탕으로 분단의 문제점을 분석하고, 도덕적 가치에 기초하여 통일의 의미를 재구성함으로써 바람직한 남북관계 및 통일의 방향을 제안할 수 있다.				
학습 목표	• 세대와 관점에 따른 통일 인식의 차이를 분석할 수 있다. • 평화통일을 향한 의식을 함양하며 의사소통 및 창의적 문제해결 역량을 기를 수 있다.				
준비물	수업용 PPT, 활동지, 태블릿				

2) 교수 · 학습 활동 예시

1차시 문제 인식 및 프로젝트 과제 도입

세대별 통일 인식 차이 그래프를 제시한다.

- 뉴스나 영상을 활용하여 그래프를 제시할 수 있다.
- 뉴스나 영상을 시청하며 생각나는 키워드를 작성한다.
- 세대별 인식 차이를 보고 느낀 점을 토의한다.

프로젝트의 목표, 절차, 평가 등 개요를 설명한다.

- 예시 프로젝트를 소개한다. 예) 통일 캠패인 영상, 정책 제안서 등
- 관련 자료를 학습한 후 "우리 학교에서 가능한 통일 프로젝트 아이디어"를 모둠별로 브레인스토밍한다.

팀을 구성하고 프로젝트 주제를 발굴한다.

- 4~5명으로 구성된 프로젝트 팀을 구성한다. 이때 팀원들 사이의 역할 분배가 효율적이고 형평성있게 이루어지도록 지도한다.
- 모둠별로 프로젝트 주제의 범위를 설정한다.

2차시 조사 계획 수립하기

➲ 모둠별로 조사계획서를 작성한다.

- 1차시에서 설정한 범위 안에서 구체적인 조사 주제를 선정한다. 여기서 교사는 주제 선정 가이드를 제공할 수 있다.
- 문헌조사, 설문조사, 인터뷰, 인터넷 조사 등 조사 방법을 결정한다.
- 조사, 작성, 발표 등 각 역할 분담을 결정한다.

3~4차시 탐구 하기

➲ 2차시에서 결정한 조사 주제와 방법에 따라 조사 활동을 시작한다.

- 인터뷰 매너, 설문지 작성법을 지도한다.
- 학생들은 실제 인터뷰와 설문을 수행한다.
- 조사한 데이터를 정리하고 교사로부터 중간 피드백을 받는다.

5차시 산출물 제작

➲ 4차시에서 정리한 데이터를 바탕으로 각 모둠별로 창의적인 방식으로 산출물을 제작한다.

- 홍보 포스터 / 인포 그래픽
- 영상 캠페인
- 정책 제안서
- 홍보 부스 운영 등

6차시 발표 및 공유

➲ 모둠별로 돌아가며 각 모둠에서 제작한 결과물을 전체 학급 친구들에게 발표 및 공유한다.

- 발표 순서를 안내하고 평가 기준을 상기시킨다.
- 발표 중에는 다른 모둠의 발표에 대해 경청할 수 있도록 긍정적인 교실 분위기를 형성한다.
- 발표 후 질의응답 시간을 부여하여 또래 교수 활동이 일어날 수 있도록 촉진한다.
- 교사는 종합 피드백을 제공하고 우수 사례를 선정하여 학습 동기를 부여한다.

정리 성찰 및 평가

프로젝트 과정에 관한 자기 평가 및 동료 평가를 실시한다.

- 프로젝트 과정에서 관련 주제에 관해 얼마나 심층적으로 학습하였는지, 적극적인 태도로 협력하였는지, 결과물 산출에 기여하였는지 등에 관해 자기 평가 및 동료 평가를 실시한다.
- 학습 전과 후에 달라진 점이 있는지 성찰할 수 있도록 돕는다.
- 실제 행동으로 실천하기 위한 다짐 및 계획을 작성한다.

3) 활동지 및 평가지

활동지 1 **조사 계획서**

_________반　　모둠명_________________

▣ **"통일 의식 함양 프로젝트"를 주제로 조사 계획서를 작성해 봅시다.**

항목	작성 내용
모둠 이름 / 모둠원	
프로젝트 주제	예 통일교육 홍보 캠페인, 북한 사회 이해 포스터 제작 등
주제를 선정한 이유	
조사 목표	
주요 조사 내용	□ 역사 □ 정치 □ 사회 □ 문화 □ 경제 □ 기타(　　)
조사 방법	□ 문헌 조사 □ 설문 조사 □ 인터뷰 □ 인터넷 조사
역할 분담	
조사 일정	
예상 산출물 형태	□ 포스터 □ 영상 □ 인포그래픽 □ 정책 제안서 □ 기타(　　)

활동지 2 인터뷰 질문지(예시)

________반 모둠명________________

제목: 통일의식 인터뷰 질문지

목적: 세대 및 관점별 통일 인식 차이와 통일 필요성 이해

인터뷰 대상	관계/직업	나이대

질문 예시(필요시 수정 · 추가 가능)

① 선생님(혹은 ㅇㅇ님)은 '통일'이라는 단어를 들었을 때 가장 먼저 떠오르는 것은 무엇인가요?

② 통일이 필요하다고 생각하시나요? 그 이유는 무엇인가요?

③ 통일이 된다면 개인의 삶과 우리 사회에 어떤 변화가 있을까요?

④ 통일에 있어 가장 큰 장애물은 무엇이라고 생각하시나요?

⑤ 젊은 세대와 기성 세대의 통일 인식 차이에 대해 어떻게 보시나요?

메모란

활동지 3 산출물 제작

_________반 모둠명__________________

▣ **모둠별로 제작한 산출물을 다음 체크리스트를 토대로 점검해 봅시다.**

항목	작성 내용	체크
메시지 명확성	주제와 전달하고자 하는 메시지가 분명한가?	□
자료의 신뢰성	사용한 자료 출처가 공신력 있는가?	□
창의성	독창적인 아이디어와 표현이 있는가?	□
시각적 효과	글, 그림, 영상 구성이 보기 좋고 이해하기 쉬운가?	□
실행 가능성	제안한 방법이나 아이디어가 실제로 실행 가능한가?	□
발표 준비	발표 자료와 대본이 준비되어 있는가?	□

학생평가 **자신의 활동과 모둠원의 활동을 평가해 보아요.**

__________반 모둠명____________________

1 자기평가

1	학습에 능동적으로 참여하였는가?	1 2 3 4 5
2	자신이 맡은 역할을 성실히 수행하였는가?	1 2 3 4 5
3	제작한 결과물을 학급 친구들에게 효과적으로 발표하였는가?	1 2 3 4 5
4	다른 모둠의 발표를 경청하였는가?	1 2 3 4 5
5	오늘 학습한 내용을 스스로 성찰하였는가?	1 2 3 4 5

※ 수업이 끝난 후에도 추가로 탐구하고 싶은 내용이 있다면 간략히 적어봅시다.

2 동료평가

1	모둠 활동에 적극적으로 참여하였는가?	1 2 3 4 5
2	모둠 내 역할에 충실히 임하였는가?	1 2 3 4 5
3	자신의 의견을 제시할 경우, 상대를 배려하면서 적절하게 표현하였는가?	1 2 3 4 5
4	모둠원 간 협력에 긍정적인 영향을 주었는가?	1 2 3 4 5

참고문헌

김영주(2014), “초등학교 통합교과에서 창의·인성 신장을 위한 실천 방법으로 주제 중심 프로젝트 학습 탐색”, 『학습자중심교과교육연구』, 14(5), 261-285.

김혜경(2015), “팀 프로젝트 학습의 학습자 역량모형 개발”, 『학습자중심교과교육연구』, 15(7), 521-544.

안숙현(2020), “대학생 학습자 대상의 글쓰기 프로젝트 학습 방안 연구”, 『학습자중심교과교육연구』, 20(6), 45-67.

여상한·엄우용(2017), “초등학교 프로젝트중심학습 설계모형의 실행전략 개발”, 『교육공학연구』, 33(4), 869-900.

이상신, 민태은, 박주화, 이무철, 윤광일, 구본상(2024), “통일의식 조사 2024: 북한의 2국가론과 통일인식/미국대통령 선거 전망과 한미관계”, 통일연구원.

정준환(2019), 『교사, 프로젝트학습에서 답을 찾다 1: 아는 만큼 보이는 법』, 서울: 상상채널.

박일수(2019), “문제중심학습(PBL)이 문제해결능력에 미치는 효과에 관한 메타분석”, 『한국융합학회논문지』, 10(10), 197-205

Almulla, M. A.(2020). “The Effectiveness of the Project-Based Learning (PBL) Approach as a Way to Engage Students in Learning”. SAGE Open, 10(3).

Zhang, L., & Ma, Y.(2023). “A study of the impact of project-based learning on student learning effects: a meta-analysis study”. *Frontiers in psychology*, 14, 1202728. https://doi.org/10.3389/fpsyg.2023.1202728

제4장

문제 중심 학습에 기반한 통일교육

이희지(오주중학교)

① 문제 중심 학습(Problem-Based Learning, PBL)의 개념 및 이론적 배경

문제 중심 학습(Problem-Based Learning, 이하 PBL)은 학습자가 실제와 유사한 문제 상황을 중심으로 학습 목표를 설정하고, 자기주도적으로 학습을 수행하며, 협동적 탐구를 통해 지식을 구성해가는 교수학습 방법이다. 이는 의과대학에서 전통적인 지식 주입식 의과교육의 한계를 극복하기 위해 처음 고안되었다. 당시 의학교육은 대부분 교수자가 중심이 되어 강의를 통해 지식과 정보를 일방적으로 전달하고, 학습자는 이를 수동적으로 암기하는 방식이 일반적이었다. 그 결과 이러한 교육방식을 거친 졸업생들은 방대한 이론 지식은 가지고 있었지만, 실제 의료현장에서 환자를 진단하고 문제를 해결하는 데 필요한 사고력과 자기주도성은 부족하다는 비판을 받아왔다(Barrows & Tamblyn, 1980: 1-3).

맥매스터(McMaster) 의과대학의 교수였던 배로즈(Barrows, H.)는 이러한 교육의 한계를 극복하기 위해 의사의 실제 임상 사고과정을 분석하고 이를 교육과정에 반영하고자 하였다. 그는 “의사는 의학적 문제를 가진 환자를 효과적이고, 효율적이며, 인간적으로 평가하고 관리할 수 있어야 하며, 자신의 교육적 필요를 계속해서 규정하고 충족시켜 선택한 분야에서 최신 지식과 기술을 유지하며 마주치는 의학적 문제를 적절히 돌볼 수 있어야 한다.”는 의학교육의 목표를 새롭게 정의하고, 실제 환자 진료에 필요한 사고방식과 역량을 중심에 두는 새로운 교육방식으로 PBL을 제안하였다(Barrows & Tamblyn, 1980: 5-7). 실제적 맥락에서 문제를 중심으로 학습이 이루어지는 수업 방식을 통해 의과대학 내 학습자의 자기주도적 탐색과 협동적 논의 역량을 길러주고자 시도한 것이다. 이후 미국 AAMC(Association of American Medical Colleges)에서 제안한 GPEP(the General Professional Education of Physician and College Preparation for Medicine) 보고서에서 자기주도적 학습과 문제해결능력 촉진, 그리고 효율적인 강의 시간의 운영 등을 강조하는 교육 개혁을 권고하면서 PBL은 주요한 교육 방식으로 더욱 주목받게 되었다(Barrows, 1996: 3-5).

PBL은 학습자가 특정 개념이나 지식을 수동적으로 습득하는 것이 아니라, 실제적이고 복잡한 문제 상황속에서 스스로 학습목표를 설정하고, 필요한 정보를 탐색하며, 협동적 논의를 통해 문제를 해결하며 지식을 구성하는 학습 방식이다. PBL은 단순히 ‘문제를 중심으로 학습하는 방식’ 이상의 의미를 지녀, 학습자가 학습 목표를 스스로 설정하고, 문제 상황의 복잡성을 탐색하며, 필요한 정보를 자율적으로 수집하고 분석하여 해답을 구성하는 일련의 과정 전체를 지칭하는 학습 패러다임을 의미한다(Hmelo-Silber & Barrows, 2006: 21-24). 더 많은 분야에서 PBL을 필요로 하게 되면서, PBL은 점차 다양화되어 과거보다 더 포괄적으로 활용되게 되었다. 하나의 고정된 방식이라기보다 여러 목표를 다양한 수준에서 달성할 수 있는 다양한 접근 방식들의 총칭으로 다루어지게 된 것이다. 이에 배로즈는 PBL을 전통적인 교육 방식과 구분할 수 있는 핵심적인 특징들을 여섯 가지로 제안하였다(Barrows, 1996: 5-6).

첫째, PBL에서 학습은 학습자 중심으로 이루어진다. 전통적인 교육 방식에서는 대부분 교사가 수업 내용을 선정하고 이를 일방적으로 전달하며, 학습자는 수동적으로 수용하는 위치에 머무른다. 이에 반해 PBL은 교사는 안내와 조언을 제공할 뿐, 학습자 스스로 자신의 학습에 책임을 지는 구조를 채택한다. 학습자는 문제를 해결하기 위해 무엇을 배워야할지 식별하고, 어디에서 그 정보를 얻을지 결정해야 한다. 또한 학습자는 특정한 문제를 중심으로 자발적으로 탐구하며, 자신의 관심 분야나 약점에 맞추어 자기주도적 학습을 진행한다. 이러한 구조는 학습자가 자신의 학습 과정에 대한 책임 의식과 자기결정성을 높이며, 학습 동기의 내재화에도 긍정적으로 작용한다.

둘째, 소규모의 협동학습을 핵심 운영 단위로 설정한다. 전통적인 교육 방식에서는 학습자 간의 협력이 수업 구조에 포함되지 않거나, 제한적인 형태로만 운영되는 경우가 많다. 반면 PBL에서는 문제 해결 과정 전반에 걸쳐 협동이 필수적이며, 이 과정에서 학습자는 타인의 의견을 경청하고 자신의 사고를 명확하게 표현하는 과정을 통해 의사소통 역량 및 갈등 조절 능력 등을 길러나갈 수 있다. PBL에서는 일반적으로 5~9명 내외의 학습자들이 하나의 그룹을 구성하여 문제 상황을 함께 분석하고, 과제를 분담하며, 학습 결과를 공유하고 토론하는 방식으로 진행된다. 이러한 소그룹은 교육 단위가 종료될 때마다 무작위로 재조합되며, 이는 협동 능력과 다양한 상호작용 경험을 더욱 확대하기 위함이다.

셋째, 교사는 촉진자의 역할을 수행한다. 전통적인 교육 방식에서 교사는 교육 내용을 선정하고 이를 전달하는 권위적 존재로 기능하는 경우가 많다. 그러나 PBL에서 교사는 학생의 사고 과정을 도와주는 촉진자의 역할을 수행한다. 교사는 무엇을 공부해야 하는지 지시하기보다, 학습자가 스스로 질문을 형성하고 학습 과제를 정의할 수 있도록 메타인지적 사고를 자극하는 질문을 던진다. 이를 통해 학습자가 학습에서의 주도권을 유지하면서도 자신의 사고의 깊이와 폭을 확장할 수 있도록 돕는 것이다. 이는 교수자-학습자 간의 관계를 수평적 상호작용 구조로 전환시키는 중요한 요소로 작용한다.

넷째, 문제가 단순한 도입 자료가 아니라, 학습의 전 과정을 이끄는 중심 요소이다. 전통적인 수업에서 학습 내용이 교사의 계획에 따라 개념의 형태로 강의를 통해 주어진 후, 학습한 개념을 적용하는 사례로서 문제가 제시되는 방식이 주를 이룬다. 그러나 PBL에서는 오히려 문제가 먼저 주어지며, 이를 해결하기 위한 학습이 뒤따르게 된다. 문제는 실제 상황에서 직면할 수 있는 복잡한 상황을 기반으로 구성되며, 이를 통해 학습자에게 관련성과 동기부여를 제공한다. 문제를 이해하는 과정에서 학습자는 자신의 지식 결핍을 자각하고, 자발적으로 학습에 몰입하도록 이끈다. 또한 문제 상황과 관련하여 학습된 정보는 적용적 맥락에서 구조화되어 장기 기억에 효과적으로 저장되며, 실제 상황에 대한 전이 가능성도 높아진다. 실제 문제 상황에서도 학습한 지식을 더욱 효과적으로 활용할 수 있게 되는 것이다.

다섯째, 문제를 통한 실질적인 능력이 개발된다. 전통적인 학습에서 대부분 지식은 일방적인 지식의 전달과 이에 대한 반복적 암기의 과정으로 학습되어, 문제 상황이나 실제적 맥락과 유리된 형태로 기억에 저장된다. 이는 실제 적용이 필요한 순간에 이를 활용하기 어렵다는 한계를 가진다고 지적받아왔다. 그러나 PBL에서 문제는 단순한 지식의 확인이 아니라, 복합적 사고력이나 문제 해결 능력 등을 자극하기 위해 설계된다. 문제의 구조는 비구조화된 방식으로 제시되어, 학습자가 정보를 정리하고 가설을 설정하며 평가하는 일련의 사고 과정을 따르도록 한다. 이를 통해 학습자는 단편적인 지식을 넘어, 실제로 적용 가능한 문제해결 능력, 분석 능력, 의사결정 능력 등을 내면화하게 된다.

여섯째, 자기주도적 학습이 활성화된다. PBL에서는 학습자가 스스로 학습의 방향과 방법을 선택하고 실행하는 자기주도적 학습을 적극적으로 요구한다. 학습자는 문제를 통해 발견한 개인적 관심이나 취약한 부분에 따라 정보를 탐색하고, 자료를 분석하며, 그 결과를 정리하고 발표하는 과정을 거친다. 또한 그룹 내 동료들과의 토론, 비교, 피드백 과정을 통해 자신의 학습을 성찰하고 조정하는 경험을 하게 된다. 이는 메타인지와 자기조절 학습 능력을 길러주어, 궁극적으로는 평생학습자로서의 태도를 형성하는 데 기여한다.

이와 같은 핵심적인 특징을 가진 PBL 수업에서 가장 중요한 요소는 '문제(problem)'이다. 앞서 언급한 바와 같이 PBL에서 문제는 단순한 연습문제나 확인문제가 아니라, 학습의 동기를 유발하고 탐구의 방향을 제시하며 개별 학습자와 집단이 구성하는 지식의 촉매 역할을 하는 중심 자극물이다. 따라서 문제의 성격과 구성 방식은 PBL

의 성공 여부를 결정짓는 중요한 요소라고 할 수 있다(Barrows, 1986: 481).

PBL에서 다루는 문제의 성격을 살펴보면 가장 먼저 비구조화된 문제(unstructured problem)라는 점을 들 수 있다. 전통적인 수업에서 사용하는 문제들이 명확한 답을 가지고 있고 특정 개념이나 원리를 적용하여 빠르게 해결 가능한 구조화된 문제라면, PBL의 문제는 명확한 해결책이 존재하지 않거나 다양한 해결 경로와 해석이 가능한 복잡한 실제 상황을 기반으로 한다. 바라보는 관점이나 문제 해결에 활용하는 정보가 무엇인가에 따라 문제는 서로 다르게 정의될 수 있으며 이에 대한 해결책 역시 다양하게 도출될 수 있다는 것이다(Hmelo-Silver & Barrows, 2006: 24-25). 복잡하면서도 구조가 불완전하며 개방적인 문제는 학습자에게 인지적 불균형을 유도하여 탐구에 착수하도록 자극할 수 있다(Hmelo-Silver, 2004: 244).

한편 비구조화된 문제는 학습자가 대안을 탐색하고 자신의 해결 방안에 대해 논리적으로 설명하는 과정을 요구한다. 소그룹 활동을 통해 비구조화된 문제를 다루는 학습자들은 문제를 다양한 관점에서 접근해야 하며, 개인적 의견의 차이를 바탕으로 깊이 있는 토론의 과정을 거치게 된다. 이 과정을 통해 학습자는 사회적 상호작용을 통한 의미 구성과 가치 판단 능력, 나아가 자신의 견해를 논리적으로 제시하는 추론 및 메타인지 능력을 개발해나갈 수 있다(Barrows, 1986: 484-485; Hmelo-Silver, 2004: 244; Hmelo-Silver & Barrows, 2006: 24-25).

또한 PBL의 문제는 상황적 맥락을 포함하고 있어야 한다. 현실에서 벌어질 수 있는 구체적인 상황이나 사례를 기반으록 구성된 문제는 학습자에게 관련성을 인지하고 학습에의 동기를 자극할 수 있다(Barrows, 1983: 3078). 미래에 접할 수 있을 법한 문제 상황과 자신이 가지고 있던 기존 지식 혹은 경험, 그리고 문제를 해결하기 위해 새롭게 학습한 자식 등을 서로 연결지으며 학습자는 강한 내적 동기를 기반으로 자기주도적 학습 능력과 정보 탐색 전략 등을 개발해나갈 수 있게 된다. 이러한 과정을 통하여 학습자는 자신이 배우는 지식이 실제 세계에서 어떻게 활용될 수 있는지를 이해할 수 있으며, 지식의 정착과 전이가 더욱 용이해진다(Hmelo-Silver, 2004: 241).

끝으로 PBL에서의 문제는 다학문적인 해결책을 요구하는 경우가 많다. 특정한 문제를 해결하기 위해 하나의 학문 분야 지식만으로는 불충분하다는 것이다. 다양한 출처로부터 지식을 수집하는 과정을 통해 학생들은 여러 분야의 지식이 문제 해결에 있어 유용한 도구임을 이해할 수 있다(Hmelo-Silver, 2004: 244). 이러한 과정을 통하여 학습된 지식은 학문 분야별로 고립된 채 저장되는 것이 아니라, 문제를 중심으로 구조화되어 광범위하고 유연하게 저장되므로, 추후 문제 해결을 위한 정보 인출에도 더 유연하다는 특성을 보이게 된다.

이상에서 논의한 PBL의 핵심적인 특징들과 문제의 성격이 성립된 상태에서는 세부적인 변수들에 따라 변주를 통해 다양한 유형의 PBL을 구현할 수 있다. 배로즈는 이러한 다양성을 구조화하기 위해 PBL을 구성하는 핵심 변수들을 기준으로 한 PBL의 유형 분류를 제시하였다(Barrows, 1986). 그에 따르면 PBL의 유형은 문제의 설계와 형식, 학습의 주도자, 그리고 문제 제시와 정보 습득의 순서라는 세 가지 변수를 중심으로 구분될 수 있다. 문제의 설계와 형식이란 학습자에게 제공하는 정보의 양과 구조화 정도에서의 변수를 의미한다. 학습자가 문제를 해결하기 위해 알아야 할 사실들을 체계적으로 요약한 사례 기록을 제시하기도 하며, 문제의 초기 상황만 주어지고 중요한 사실을 직접 파악하는 형식을 취할 수도 있다. 이와 같은 문제의 설계 차원에서의 변주는 학습자에게 부여하는 인지적 도전의 수준과 자율성의 정도를 결정 짓는 핵심 요소가 된다. 다음으로 학습의 주도자는 학습 과정을 누가 주도하는가에 대한 것으로, 문제 선정, 학습목표 설정, 정보 탐색의 주체가 교사인지 또는 학습자인지에 따른 구분을 의미한다. 마지막으로 문제 제시와 습득의 순서는 개념과 정보의 전달과 문제의 제시가 어떤 순서로 진행되는가에 관한 것으로, 학습자의 사고방식이나 학습 동기에 변화를 주는 변수로 다루어진다(Barrows, 1986: 482).

이상의 변수들을 중심으로 배로즈는 〈표 1〉과 같이 PBL의 대표적인 다섯 가지 유형의 교수법을 구분하여 제시하였다(Barrows, 1986: 483-484). 강의 기반 사례(lecture-based cases)는 강의 중심 수업에 사례를 부가적 요소로 포함시키는 방식이다. 이 방식에서 문제는 단지 강의의 맥락을 제공하는 보조 도구에 불과하며, 학습자는 강의 내용을 수동적으로 수용한다. 사례 기반 강의(case-based lectures)는 강의가 사례의 흐름을 따라 전개된다는 점에서 강의 기반 사례보다 실제성이 높을 수 있으나, 여전히 교사의 설명을 중심으로 전개된다. 사례 방법(case method)은 실제 문제 상황을 중심으로 집단 토론과 분석이 이루어지는 방식으로, 학습자의 능동적인 참여가 강조된다. 그러나 교사가 정해놓은 분석 틀과 질문에 따라 논의가 제한되므로, 문제의 개방성은 다소 부족할 수 있다. 수정된 사례 기반 방법(modified case-based method)에서는 문제 해결을 위해 필요한 정보가 점진적으로 제공되며, 학습자가 이를 탐색하고 정리해가는 과정을 중심으로 구성된다. 다만, 여전히 자기주도적인 학습 과정은 포함되지 않는다. 문제 기반 방식(problem-based method)은 PBL의 대표적인 형태로, 문제 상황만 제시되고 정보는 최소한으로 제공되며, 학습자는 문제 해결에 필요한 정보를 스스로 찾아나가며 자기주도학습을 수행하게 된다. 이 과정에서 학습자는 지식의 구성자이며, 교사는 촉진자의 역할을 수행한다. 마지막으로 반복적 문제 기반 방식(reiterative problem-based method)은 자기주도학습을 통한 문제 해결 후 다시 문제로 되돌아가 피드백과 자기평가를 수행하는 순환적 학습 구조를 가진다. 이 유형은 학습자의 성찰적 사고와 메타인지 능력까지 촉진할 수 있다(Barrows, 1986: 483-484).

〈표 1〉 PBL의 대표적인 유형(Barrows, 1986: 482에서 재구성)

유형	의미	문제 설계 및 형식	학습의 주도자	문제 제시 순서
강의 기반 사례	강의를 통해 먼저 정보를 제공하고, 문제 사례를 제시하여 강의 내용과 관련된 실제 상황을 보여주는 방식	강의 보조용 사례	교사 중심	정보 제공 후 문제 적용
사례 기반 강의	강의 전 문제 사례를 제공하여, 해당 문제를 통해 이후 강의에서 다룰 내용을 강조하는 방식	강의 보조용 사례	교사 중심	문제 제시 후 즉시 정보 제공
사례 방법	수업 전 학습자에 의한 문제 사례 조사 후, 수업에서는 문제 사례에 대한 토론을 진행하는 방식	상세하게 서술된 사례	교사 지도와 학생 탐색	사례 전체 제시 후 분석 토론

수정된 사례 기반 방법	소그룹 활동에서 문제 사례가 활용되어, 더 깊이 있는 추론 활동이 이루어지는 방식	부분적 정보	학생 중심	문제 상황 제시 후 학습 및 정보 보충
문제 기반 방식	문제 사례를 시뮬레이션 형식으로 제공하고, 이를 바탕으로 자유로운 탐구 활동 및 자기주도학습을 수행하는 방식	비구조화된 개방형 문제	학생 중심	문제상황 제시 후 정보 탐색
반복적 문제 기반 방식	자기주도학습을 수행한 후 원래 제시된 문제로 되돌아가 학습한 내용을 토대로 기존의 추론을 평가하는 과정을 포함하는 방식	비구조화된 개방형 문제	학생 중심	문제상황 제시 후 정보 탐색과 성찰

한편 이와 같은 다양한 형태의 PBL을 통해 달성할 수 있는 주요 교육 목표는 다음의 〈표 2〉과 같이 정리할 수 있으며, 각각의 목표는 실제적인 문제 해결 및 학습자 중심 교육의 핵심 역량을 기르는 데 초점을 둔다(Barrows, 1986; 1996). 다양한 형태로 교육적 맥락에서 구체화되는 PBL의 교육방식은 서로 다른 교육목표를 지향할 수 있음을 인정하고 있다(Barrows, 1986: 481).

〈표 2〉 PBL의 주요 교육목표
(Barrows, 1986: 481-482; Barrows, 1996: 6-7에서 재구성)

주요 교육목표	의미
지식의 구조화	실제 문제 해결 과정에서 활용할 수 있도록 통합된 분야의 지식을 구조화한다.
문제해결 능력	반복 학습을 통해서 실제적인 문제 해결을 위한 추론 과정을 개발한다.
자기주도 학습	학습자가 자신의 학습 요구를 인식하고 적절한 정보 자원을 찾아내어 효과적으로 자기주도학습을 실천한다.
학습 동기	관련성과 도전적인 과제를 통해 내재적 학습 동기를 자극한다.
협업 능력	그룹 활동에서 협동적인 태도를 갖추고 의사소통 역량을 기른다.

먼저 지식의 구조화는 단편적 지식 습득이 아닌, 실제 상황에 적용 가능한 통합적

지식을 구성하는 것을 목표로 한다. 학습자는 현실적인 문제 속에서 필요한 정보를 식별하고 이를 문제 해결 과정에 통합함으로써 맥락화된 지식 구조를 형성한다. 여러 학문 분야의 통합된 지식을 문제 상황 중심으로 구조화하고 습득하는 것을 의미한다고 볼 수 있다. PBL에서는 단순히 사실을 암기하는 수준을 넘어, 다양한 영역의 정보를 통합하고, 개념을 깊이 있게 조직화하여, 상황에 따라 유연하게 적용하는 능력을 기르는 것을 목표로 한다(Hmelo-Silver, 2004: 240).

다음으로 문제해결 능력은 문제를 평가하고 해결하는 과정을 반복적으로 연습함으로써 추론 능력과 문제해결 능력을 강화하는 것을 의미한다. 문제 상황에 맞는 추론 전략을 선택하고, 문제 해결 과정에서 문제 해결 계획 수립, 진행 상황 모니터링, 목표 도달 여부 평가 등과 같은 메타인지 전략을 효과적으로 사용하는 능력 또한 이 교육 목표에 포함된다(Hmelo-Silver, 2004: 240).

자기주도 학습이란, 학습자가 스스로 학습 목표를 설정하고 필요한 자원을 탐색 및 활용하며, 학습을 설계 및 평가하는 능력을 기르는 것을 의미한다. 이와 같은 학습의 주체성 확보를 위해서는 교수자의 역할 최소화와 학습자 자율성 보장 등이 요구된다(Barrows, 1996: 6-7). 학습자는 PBL을 통해 자신이 아는 것과 모르는 것을 명확하게 인지하고, 이에 따라 학습 목표를 설정하며, 적절한 학습 전략을 선택하고 계획한다. 나아가 자신이 수립한 계획에 따라 학습을 진행하는 동안 스스로의 학습에 대해 모니터링하고 자기평가하는 역량을 갖출 수 있도록 지원 받는다(Hmelo-Silver, 2004: 240-241).

학습 동기란, 학습자의 직업적 관심과 실제 문제 해결 욕구를 자극함으로써 강력한 학습의 내재적 동기를 유발하는 것을 의미한다. 일반적으로 학습의 내재적 동기는 개인적으로 의미 있고 도전적일 때 형성된다. 동기를 높이기 위해 문제는 이질적인 집단에게 흥미롭고, 적절한 도전을 요구하는 난이도로 설정되어야 한다고 알려져 있다(Hmelo-Silver, 2004: 240-241). PBL에서 제공되는 문제는 이와 같은 조건을 갖추어 학습자가 내재적 동기를 가질 수 있도록 함을 목표로 삼는다.

마지막으로 협업 능력이란 소그룹 학습에서의 효과로서, 그룹 내 구성원들과 효과적으로 의사소통하고 협력할 수 있는 역량을 의미한다(Barrows, 1986: 481-482; Barrows, 1996: 6-7). 효과적인 협력자는 공통의 이해 기반을 형성하고, 의견 차이를 조정할 수 있어야 한다. 나아가 공동의 행동 계획을 수립하며, 합의를 도출할 수 있는 역량을 길러야 할 필요가 있다(Hmelo-Silver, 2004: 240-241). PBL에서는 이와 같은 효과적인 협력자의 면모를 갖출 수 있도록 지원하는 것을 주요 교육목표로 설정하고 있다.

이와 같은 주요 교육목표를 지향하는 PBL의 교육적 효과는 각 유형별로 상이하게 나타날 수 있다. 배로즈는 앞서 살펴본 대표적인 PBL의 유형들에 따라 협업 능력을 제외한 네 가지 교육목표가 어느 정도 달성되는지를 0점부터 5점 사이로 추정하고 그 근거를 제시하였다(Barrows, 1986: 483-484). 그에 따르면 강의 기반 사례의 경우 자기주도학습은 0점, 이외의 교육목표는 1점 수준으로 달성된다고 보았다. 반면 문제 기반 방식은 학습 동기에서 5점, 이외의 교육목표는 모두 4점 수준으로 달성된다고 평가하였으며, 반복적 문제 기반 방식은 주요 교육목표에 도달하기에 가장 효과적인 방식으로 모든 항목에서 5점 수준으로 달성이 가능하다고 평가하였다.

이러한 유형별 차이를 전제로 하면서도, 이후 다양한 실증 연구들은 공통적으로 PBL이 전통적 강의식 수업에 비해 학습자에게 긍정적인 효과를 미친다고 보고하였다. 멜로-실버(Hmelo-Silver, C.)는 실증적인 방식을 통하여 PBL의 주요 교육목표에 대한 효과를 전통적인 교육방식과 비교하여 확인하였다. 문제해결 능력에 대한 PBL의 긍정적인 효과가 강하게 확인되었으며, 지식 구조화, 자기주도 학습, 협업 능력에 대해서도 긍정적인 효과가 확인되었으나 이를 위해서는 수업 과정 중에 주어지는 비계와 같은 교사로부터의 추가적인 지원이 반드시 필요하다고 보았다(Hmelo-Silber, 2004: 249-259). 이는 다른 효과성 검증에 관한 연구와도 일치하는 결과를 보여주고 있다. 슈미트(Schmidt, H.)는 대학생들을 대상으로 연구한 결과 PBL 교육과정에 참여한 학생들이 자기주도학습 전략과 문제 해결 능력 면에서 높은 수준의 수행을 보였으며, 해당 효과는 학습자의 학업 성취에도 긍정적으로 작용한다고 분석하였다(Schmidt, 1983: 13). 앨버니즈(Albanese, M.)와 미첼(Mitchell, S.)의 메타분석 연구에서는 PBL 교육을 받은 졸업생이 전통적인 방식의 교육을 받은 졸업생들보다 대인관계 기술과 자기효능감 면에서 우수한 평가를 받았으며, 직업적 상황에서도 더 높은 문제 해결 효능감을 보였음을 밝혔다(Albanese & Mitchell, 1993: 62). 특히 이들은 PBL의 효과가 단기적인 학업 성과에 그치지 않고 졸업 후의 실천적 능력의 향상으로 이어진다는 점을 강조하였다. 갤러거(Gallagher, S.), 스테피언(Stepien, W.), 그리고 로젠탈(Rosenthal, H.)의 연구에서는 PBL 적용을 통해 학생들의 문제 정의 능력, 대안 생성 및 평가 능력, 결론 도출의 명확성 등에서 유의미한 향상을 보임을 확인하였다. 이를 통해 PBL이 문제 해결을 위한 인지적 사고 과정을 명시화하고 촉진하는 학습 설계로서, 고차적 사고력과 창의적 문제 해결력 증진에 있어 효과적인 교수 전략임을 보여주었다(Gallagher, Stepien, Rosenthal, 1992: 198).

한편 주요 교육목표 중 내재적 동기에 관해서는 학습 만족도나 자신감과 같은 간접적인 지표가 향상되었음을 확인하였다고 밝히며, 추가적인 실증적 연구가 요구된다고 보았다(Hmelo-Silber, 2004: 259). 이와 관련하여서는 데미렐(Demirel, M.)과 다이얄(Dağyar, M.)의 메타분석 연구에 주목할 필요가 있다. 이들은 메타분석 연구를 통하여 PBL이 인지적인 측면뿐만 아니라 학습자의 태도에도 긍정적인 영향을 미칠 수 있음을 보여주었다. PBL이 학습에 대한 흥미와 몰입, 자기효능감, 정서적 참여 등을 유의미하게 향상시킨다는 것이다(Demirel & Dağyar, 2016: 2128). 이러한 연구 결과는 PBL이 단순히 인지적 기능의 개발이나 학습 내용의 이해를 돕는 데에 그치지 않고 학습 과정에 대한 정서적 태도를 긍정적으로 변화시키는 데에도 효과적임을 보여주며, 내재적 동기에도 긍정적인 영향을 줄 수 있음을 시사한다.

이상에서 살펴 본 실증적인 결과들은 PBL의 실제적인 교육적 효과를 입증하였다. 학습자, 역량, 고차적 사고 중심 교육으로의 전환이 이루어지고 있는 오늘날의 교육 환경에서, PBL은 문제 해결형 인재를 양성하는 데 있어 효과적인 접근 방식으로 자리매김하고 있다(Hmelo-Silver, 2004: 238).

2 문제 중심 학습의 절차

PBL은 학습자가 실제적이고 복합적인 문제 상황에 직면하여 이를 해결하는 과정을 통해 지식 구성과 역량을 개발하도록 설계되었다. 배로즈(Barrows, H.)와 템블린(Tamblyn, R.)은 효과적인 임상 교육을 위해 학습자가 능동적으로 문제를 탐색하고 해결하는 과정을 단계화하였으며, 임상의사의 실제 문제해결 과정을 기반으로 7단계의 PBL 절차를 제시하였다. 슈미트(Schmidt, H.)는 문제해결 과정에서 경험하는 인지적 갈등과 이를 해소하기 위한 지식 구조화 과정에 주목하여 PBL의 과정을 보다 명료하게 정리하였다. 멜로-실버(Hmelo-Silver, C.)는 과학적 사고력, 협력 역량, 메타인지의 유기적 발달을 위해 PBL의 과정을 순환적 과정으로 제시하였다. 세부적인 강조점은 상이하나 핵심적인 절차는 많은 유사성을 띠고 있으므로, PBL의 통합적 절차를 〈그림 1〉과 같이 5단계로 제시할 수 있다.

첫 번째 단계에서는 복잡하고 비구조화된 문제에 대해 최소한의 정보를 학생들에게 제시한다(Hmelo-Silver, 2004: 242). 문제가 제시되고 나면 학습자는 문제를 이해하기 위해 이해되지 않는 단어나 개념을 명확히한다. 필요에 따라 사전을 참고하거나 토론을 통해 용어 해석에 대한 공동의 이해를 도출하는 방식을 채택할 수 있다. 또한 해결해야 하는 문제가 무엇인지를 구체적으로 규정하며, 복합적인 문제인 경우 하위 문제가 무엇인지를 분리하여 정의하는 작업을 거친다(Schmidt, 1983: 13).

두 번째 단계에서는 문제와 정보를 분석한다. 이때 문제의 분석은 선행지식과 추론을 바탕으로 문제를 해결하기 위한 방법을 제시하는 과정을 포함한다. 브레인스토밍 등의 기법을 활용하여 창의적으로 다양한 해결 방식을 생각해보고 이를 나열한다(Barrows & Tamblyn, 1980: 76). 이는 보다 구체적으로, 문제 해결 과정에서 도출되는 질문들을 다양하게 떠올려보고 해당 질문에 대답할 수 있는 인과적 메커니즘에 대한 가설을 수립하는 것을 의미한다(Hmelo-Silver, 2004: 242). 한편 정보의 분석은 문제의 다양한 원인을 정리하여 도식화하는 것과 문제를 해결하기 위해 더 배워야할 개념을 식별하는 것을 포함한다. 다양한 원인의 도식화 과정을 통해 분석된 문제에 대한 지

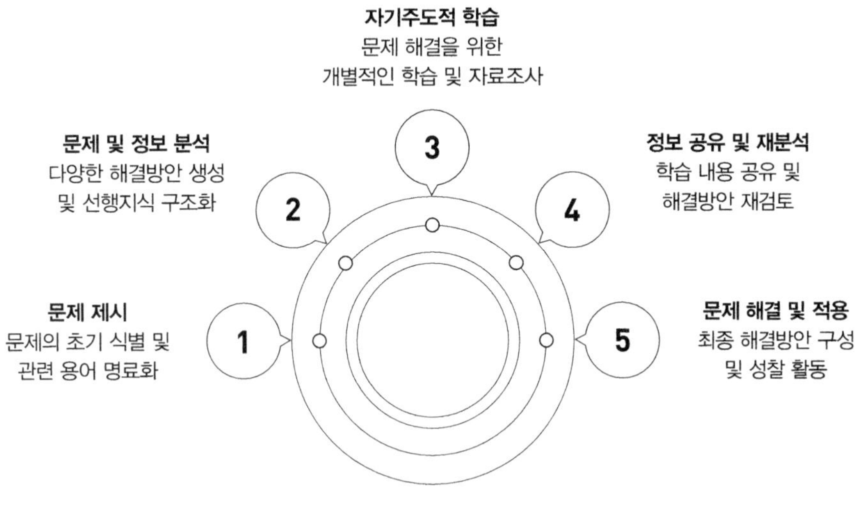

〈그림 1〉 PBL의 절차
(Barrows & Tamblyn, 1980; Schmidt, 1983; Hmelo-Silver, 2004를 중심으로 재구성)

식을 구조화하고, 더 가능성이 높은 원인을 판별하여 학습의 우선순위를 결정하는 데에 활용할 수 있다. 문제 해결을 위해 필요한 개념들을 식별하게 되면 다음 단계의 자기주도학습에서 실시할 학습 목표가 추려진다. 이에 따라 소그룹의 구성원들은 과제를 분배하고 자료의 탐색 방향을 설정할 수 있다(Schmidt, 1983: 13-14; Hmelo-Silver, 2004: 242-243).

세 번째 단계에서는 이전 단계에서 수립한 학습 목표에 따라 자기주도적인 학습을 실시한다. 문제와 정보를 분석하는 과정에서 학습자는 지속적으로 지식의 부족함에 직면하게 되는데, 자신의 추론력과 선행지식을 활용하여 최대한 질문에 스스로 답하고자 노력해야 한다. 그러나 더 이상 추론이 불가능하다고 판단되면 이 질문을 기록하고 자기주도학습의 주제로 선정해야 한다(Barrows & Tamblyn, 1980: 82-83). 이전 단계들이 소그룹을 기반으로 하여 이루어졌던 것과 달리, 이 단계는 개별적인 학습 과정으로 구성되어, 각 학생이 학습 목표에 대해 개별적으로 조사하고 정보를 수집하게 된다(Schmidt, 1983: 13-14). 학습자는 각자 선택한 학습 주제를 바탕으로 독립적인 연구를 수행하게 되며, 선택한 주제에 따라 문헌, 실험, 인터넷, 인터뷰 등의 다양한 자료를 활용할 수 있다(Hmelo-Silver, 2004: 242-243).

네 번째 단계에서는 정보 공유와 재분석이 이루어진다. 소그룹의 구성원들은 다시 그룹으로 모여 각자 학습한 내용을 공유한다. 그 과정에서 잘못된 점을 보완하거나, 문제에 대한 이해도가 향상되었는지를 검토할 수 있다(Schmidt, 1983: 14). 또한 기존에 도출하였던 다양한 해결 방안이나 원인을 다시 검토하고 필요하다면 새로운 해결 방안을 도출하여, 새롭게 획득한 지식을 바탕으로 문제 해결을 진전시킨다(Hmelo-Silver, 2004: 243). 필요에 따라 새롭게 떠오른 해결 방안을 중심으로 두 번째 단계와 세 번째 단계를 다시 반복하거나, 유사한 문제를 통해 적용 능력을 검증할 수 있다(Schmidt, 1983: 14).

마지막 단계에서는 최종적으로 문제를 해결하거나 해결을 위한 구체적인 계획을 수립한다. 이후 학습자는 문제나 문제를 해결하기 위해 학습한 내용에 대해 성찰하며, 학습한 내용을 분석·종합·조직화하여 향후 문제 해결에 어떻게 적용할 수 있을지를 토론해보는 과정을 거친다(Barrows & Tamblyn, 1980: 103-104). 이는 새로운 지식을 기존의 이해와 연결시키거나 개념과 기술을 문제의 세부사항에 연결짓는 과정을 통하여, 보다 일관된 이해를 구성하고 새로운 상황에 전이할 수 있는 능력을 증진하기 위함이다(Hmelo-Silver, 2004: 247-248). 이뿐만 아니라, 자기주도적 학습 과정이나 협력적 문제 해결 과정에 대해 성찰 활동을 수행해야 한다. 자신의 지식이나 문제 해결 방식이 적절하고 효과적인지, 소그룹 구성원들과 소통하는 과정에서 충분한 역량을 발휘했는지 등을 점검하고 스스로 자기평가의 과정을 거쳐야 한다(Barrows & Tamblyn, 1980: 104-105). 이를 통해 학습자는 메타인지적 역량을 기를 기회를 갖게 된다(Hmelo-Silver, 2004: 243).

PBL은 기본적으로 선형적이기보다 순환적인 학습 구조를 갖고 있는 것으로 다루어진다. 배로즈와 템블린은 PBL에서는 학습자가 실제 맥락에서 문제 해결 경험을 축적하고 반복함으로써 전문적인 추론 능력을 계발할 수 있도록 설계되어야 한다고 강조하였다(Barrows & Tamblyn, 1980: 71-72). 슈미트 역시 PBL이 반복적 과정으로 구성되어, 학습자의 기존 인지구조를 활성화하고 재구성하는 데 효과적이라고 언급하였다(Schmidt, 1093: 13). 또한 멜로-실버는 PBL이 학습자가 새로운 질문을 지속적으로 생성하고 그에 따라 문제를 재분석하며 학습 내용을 순환적으로 적용하게 만드는 점에서 본질적으로 비선형적이며 자기조직적인 학습 과정이라고 설명한다(Hmelo-Silver, 2004: 238). 결국 PBL은 학습자가 자신의 학습 요구를 반추해보고, 필요에 따라 각 과정을 순환적으로 반복하면서 문제 해결의 역량을 길러나가는 데에 그 초점이 있다.

PBL 학습 과정에서 가장 중요한 것은 교사의 역할이다. PBL에서 교사의 역할은 전통적인 정보 전달자에서 학습의 촉진자(facilitator)로 전환된다. 이때 촉진자로서 교사는 단순히 개입을 최소화하는 것이 아니라, 학생의 사고과정에 정교하게 개입하며 맥락에 맞게 비계(scaffolding)를 제공하는 전략적 동반자이다(Hmelo-Silver & Barrows, 2006: 36). 멜로-실버는 이러한 교사의 역할을 인지적 도제(cognitive apprenticeship) 모델을 통해 설명하며, 전문가로서 사고 방식을 시범 보이는 모델링(modeling), 학생의 사고과정을 실시간으로 진단하며 적절한 피드백을 제공하는 코칭(coaching), 그리고 개입을 점차 줄여나가며 학생이 독립적으로 수행할 수 있도록 돕는 점진적 철수(fading)의 세 가지 핵심 전략을 적절하게 사용해야 한다고 강조하였다(Hmelo-Silver, 2004: 245; Hmelo-Silver & Barrows, 2006: 24-25).

특히 교사는 코칭 전략을 사용할 때 여러 가지 방식으로 피드백을 제공할 수 있다. 가장 먼저, 설명 이끌어내기(pushing for explanations)는 학습자에게 설명을 요구하여 학생의 사고과정과 이해 수준을 드러내고 확장시키는 데에 도움을 주는 방식이다(Hmelo-Silver & Barrows, 2006: 27-29). 이때 교사는 학생의 대답을 평가하지 않으며 질문을 통해 학생이 스스로 설명을 이어가도록 하며, 사고 과정을 가시화할 수 있도록 돕는다. 다음으로 다시 말해주기(revoicing)는 학습자의 발언을 다시 말해줌으로써, 학습자의 생각을 명확히 정리하거나 요약해주며, 다른 학습자들과 공유하며 논의의 초점을 조정할 수 있다(Hmelo-Silver & Barrows, 2006: 30). 요약하기(summarizing)는 지금까지의 정보를 요약해보도록 요청하는 것으로서, 이해를 점검하고 자신의 생각을 명확히 표현하도록 유도한다. 이를 통해 학습자 간의 공동의 이해를 구성하거나, 서로 이해한 내용을 공유함으로써 학습자 간의 협력적 피드백을 주고받도록 안내할 수 있다(Hmelo-Silver & Barrows, 2006: 30-32). 가설 생성하기(generating hypotheses)는 문제의 원인이나 해결의 실마리를 가설로 제시하도록 유도하는 방식으로, 학습자의 추론 능력을 촉진하거나, 학습자 자신의 한계를 인식하도록 하여 학습의 방향성을 제공하는 데 도움을 줄 수 있다(Hmelo-Silver & Barrows, 2006: 32). 마지막으로 판서를 활용하여 PBL의 순서를 안내함으로써 학습 과정을 정돈하는 데 도움을 줄 수도 있으며, 논의된 내용이 모두 작성되어 있는 칠판을 정리하도록 유도함으로써 제기된 다양한 생각들을 검토·판단·강화·제거하도록 유도할 수 있다(Hmelo-Silver & Barrows, 2006: 33).

이와 같이 교사는 학생의 발화를 기반으로 후속 질문을 던져 사고를 촉진할 수 있으며, 학생이 언급한 개념을 명확히 하도록 유도하여 사고 과정을 가시화할 수 있다. 이 과정에서 학습자가 바른 방향을 향해 가고 있더라도 정답이라는 피드백을 제시하기보다, 자기주도적으로 사고 과정을 수행할 수 있도록 도와야 한다. 나아가 교사는 섬세한 기술을 바탕으로 학습자의 상태나 논의의 초점 등을 끊임없이 관찰하고 판단하여 적절한 개입의 시점과 형태를 결정해야 한다(Hmelo-Silver & Barrows, 2006: 34-36).

PBL이 원활하게 진행되고, 교육적 효과를 얻기 위해서는 교사의 역량이 매우 중요하다. 따라서 PBL에서는 소그룹별로 한명씩 촉진자로서의 교사를 배정하여 학습자의 사고 과정을 도울 것을 강조하였다. 그러나 이것이 현실적으로 어렵기 때문에, 멜로-실버는 순환형 촉진 모델을 제안하였다(Hmelo-Silver, 2004: 245-246). 이 모델에서 교사는 교실을 돌아다니며 여러 소그룹에게 피드백을 제공하거나, 각 소그룹이 사고 과정을 큰 보드에 작성하도록 하여 진행 상황을 실시간으로 평가하고 지원을 조정하는 방법을 취할 수 있다. 이러한 방식이 부족하게 느껴질 경우, 학습자가 직접 촉진자의 역할을 번갈아 수행하도록 하고, 각 단계에서 사용할 수 있는 질문의 예시가 담긴 프롬프트 카드를 제공하는 전략을 활용하는 것을 제안하고 있다.

다만 이 순환형 촉진 모델에서는 소그룹당 한명의 교사가 배정될 때에 비해 낮은 수준의 비계 혹은 적은 피드백을 제공받을 수밖에 없기 때문에, 교사가 PBL 과정에 대해 전문성을 갖추고 촉진자로서의 역할에 익숙해지고자 하는 노력이 요청된다. 효과적인 촉진자가 되기 위해서 교사는 해당 주제에 대한 적절한 지식 기반을 갖추어야 할 뿐만 아니라, 학생과 진지하게 상호작용하려는 의지를 충분히 가지고 있어야 한다. 나아가 학생이 이해할 수 있는 언어로 표현할 수 있는 능력을 갖추어야 PBL 과정을 효과적으로 이끌어나갈 수 있는 촉진자가 될 수 있다(Hmelo-Silver & Barrows, 2006: 24-25).

③ 문제 중심 학습을 통한 증거 기반 통일교육의 필요성

통일교육은 자유민주주의에 대한 신념과 민족공동체 의식 및 건전한 안보관을 바탕으로 통일을 이룩하는 데 필요한 가치관과 태도를 기르도록 하기 위한 교육이다(국립통일교육원, 2025: 15). 통일교육에서는 통일의 필요성을 강조하면서, 통일을 위한 노력의 중요성과 그 방법을 안내하고, 북한에 대한 이해를 돕는 것을 중점 방향으로 설정하고 있다. 이러한 방향성을 달성하기 위해 제안하고 있는 구체적인 통일교육 방법은 다음과 같다.

(1) 객관적 사실에 기초
(2) 열린 대화와 토의 중시
(3) 생활 관련 소재를 통한 흥미와 호기심 유도
(4) 현안 쟁점과 사례 중심의 통일문제 접근
(5) 학습자의 특성을 고려한 맞춤형 통일교육
(6) 첨단 현장형 통일교육 프로그램 등 다양한 교수·학습방법의 활용

한편 창의적이고 자기주도적으로 문제를 해결할 수 있는 역량을 함양하는 교육

이 강조되면서 통일교육의 영역에서도 여섯 가지의 주요 역량이 논의되었다(김병연, 2023: 165). 그 구체적인 역량은 다음 〈표 4〉와 같다. 제시된 통일교육의 주요 역량을 살펴보면, 지식 중심의 일방향적인 교육을 넘어, 통일과 관련된 복합적인 문제 상황을 다각도로 이해하고, 이에 대한 책임의식을 바탕으로 실천적 대안을 모색할 수 있는 능력을 길러주어야 함을 강조하고 있다. 이러한 역량은 학습자의 주체적인 참여, 탐구, 소통을 전제로 하며, 통일교육이 학습자 중심의 개방적인 교육 형태를 지향해야 함을 시사한다. 통일의 복잡성과 현실성을 고려할 때, 통일교육은 학습자가 자율적으로 탐색하고 해석하며 상호 소통하는 과정을 담보해야 한다.

〈표 4〉 통일교육의 주요 역량(김병연, 2023: 167-168)

통일교육 역량	의미
한반도 문제에 대한 주도적인 탐구 역량	분단과 통일 문제를 학생 스스로 자신의 삶의 문제로 받아들이고 남북관계의 과거, 현재, 미래를 자기 삶과 연계하여 이해하고 해석하며 적용할 수 있는 상태
통일문제·분단 문제·북한 이해 역량	우리 사회에서 유통되는 통일, 북한, 분단 관련 다양한 지식과 정보를 비판적으로 탐구하여 해석하고 활용할 수 있는 상태
남북관계에 대한 창의적 탐구 역량	과거와 현재의 남북관계에 대한 이해를 바탕으로 분단 상황으로 인한 삶의 질곡을 깊이 이해하고 바람직한 미래의 남북관계 모습을 창의적으로 상상할 수 있는 상태
평화·통일·분단에 대한 감수성	폭력과 평화 개념에 대한 정서적 이해, 통일에 관한 감수성 차이에 대한 공감, 분단이 초래하고 있는 현실에 대한 민감성 등을 갖춘 상태
상호의존적 남북관계 이해와 간문화적 소통 역량	남북관계의 현실은 외면하거나 피할 수 없는 것이며 상호의존적인 관계로 밀접하게 영향을 주고받을 수밖에 없음을 이해하고, 이질화된 문화적 배경을 가진 남북한 사람들이 소통을 통해 문제를 해결할 수 있는 상태
평화문화 형성 및 통일 지향 역량	공동체 구성원으로서 평화로운 공동체를 만들기 위한 행동에 적극적으로 동참하고, 더 나은 공동체를 만들기 위한 지향점으로서 통일 문제를 적극적으로 검토할 수 있는 상태

이상의 내용을 종합적으로 살펴보면 최근의 통일교육은 학습자의 주체성과 탐구성, 비판적 사고력, 타자와의 소통 역량과 같은 능력을 강화하는 방향으로 전환되고

있음을 확인할 수 있다. 통일교육은 더 이상 통일의 당위성을 일방적으로 주입하거나 북한에 대한 정보를 전달하는 데 그쳐서는 안 되며, 급변하는 국제 정세와 통일 담론의 복잡성을 반영하여 학습자가 스스로 문제를 정의하고 해결방안을 탐색할 수 있도록 설계되어야 한다. 이에 따라 통일교육은 학습자 중심, 문제 중심, 탐구 중심의 교육 패러다임을 요청하고 있음을 알 수 있다. 따라서 이러한 방향성을 지향하기 위해서는 실제적이고 복합적인 문제를 중심으로 협력적 탐구를 유도하는 PBL과 같은 학습자 중심의 교육방식이 중요한 대안으로 제시될 수 있다.

통일교육은 특히 비구조화된 실제적 문제로서의 통일 이슈를 다룬다. 통일 문제는 단순한 국가간 합의가 아니라, 정치, 경제, 사회, 문화, 이념 등 다양한 영역이 복합적으로 얽힌 문제이다. 특히 통일을 둘러싼 국내 여론의 양극화, 세대간 인식 차이, 국제적 역학 관계 등은 이 주제가 정형화된 지식 전달만으로는 다루기 어려운 교육 내용임을 시사한다. 이러한 주제는 정답이 없는 비구조화된 문제를 중심으로 설계되는 PBL의 교육적 접근과 잘 부합한다. PBL은 학습자가 문제의 조건을 분석하고 해결을 위한 정보를 능동적으로 탐색하며, 다양한 시각을 통합해 자신만의 해결 방안을 구성하도록 돕는다. 이는 통일 문제처럼 사회적 복잡성을 띠면서 하나의 정답을 도출하기 어려운 영역에 특히 적합하다. PBL을 통한 통일교육에서는 통일 이후의 사회를 구체적으로 상상하고 설계하는 능력과 문제 해결 역량을 효과적으로 길러줄 수 있을 것이다. 나아가 통일문제에 대한 다양한 관점을 허용하여, 통일 담론의 다양성과 건강한 토론 문화를 확산시키는 데에도 기여할 수 있을 것으로 기대된다.

또한 북한 및 통일과 관련된 정보가 정부의 정책 변화, 국제 정세, 언론 보도 등에 따라 유동적이며 왜곡될 여지가 크다는 점도 PBL을 통한 통일교육이 효과적일 것임을 시사한다. 통일문제는 북한, 이념, 전쟁, 체제 차이 등 민감한 주제를 포함하고 있으며, 이는 학생들에게 정서적 긴장을 유발하거나 방어적인 태도를 촉진할 수 있다. 이처럼 수시로 그 내용이 변화하고, 민감하며, 편향 가능성을 가진 정보를 주로 다루는 주제에 대해 대응하기 위해서는 PBL이 요청된다. PBL에서 교사는 정보를 전달하기보다 학생 스스로 신뢰가능성, 출처, 논리성을 검증하며 필요한 자료를 탐색하도록 한다. 이는 교사에 의해 노후화되거나 교사 자신 혹은 매체에 의해 편향된 정보가 제공될 가능성을 억제하고, 민감한 주제에 대해 심리적 방어 없이 접근할 수 있다는 강점을 가진다. PBL이 통일문제가 지닌 난점을 효과적으로 극복하고 학습자의 자기주도적 정보 활용 능력을 증진시키는 데에 작용할 수 있다는 것이다.

한편 학습에 대한 태도와 동기 고취가 가능하다는 점에서도 통일교육 장면에서 PBL이 요청된다. 통일교육에서 항상 거론되는 문제는 학생들의 통일 문제에 대한 무관심이다. 많은 교사들은 극복하기 위해 다양하고 흥미로운 시청각 자료를 활용하는 방식으로 이를 극복하고자 시도해왔으나, 이는 학생들의 몰입도나 자기 관련성을 높이는 데에 한계를 지닌다. PBL은 이와 같은 주제를 구체적인 문제 사례의 형태로 변환하여 학습자의 몰입을 유도하고, 학습 내용이 자신의 삶과 연결되는 방식으로 구성할 수 있도록 한다. 여러 실증적인 연구 결과들은 PBL은 전통적인 수업 방식에 비해 태도 전반에 걸쳐 유의미한 향상을 가져올 수 있으며, 학습 주제에 대한 긍정적인 태도를 갖도록 도울 수 있다고 보고하고 있다. 이는 통일에 대한 관심이 적은 학습자가 PBL을 통한 통일교육에 참여함으로써 통일 문제에 대한 흥미와 몰입, 긍정적 참여 경험을 할 수 있음을 시사한다.

나아가 PBL을 통한 통일교육에서는 통일사회에서 필요한 다양한 배경을 가진 사람들과 협력하고 대화할 수 있는 역량을 효과적으로 길러줄 수 있다. 통일 이후의 사회는 다양성과 이질성을 가진 사람들 사이의 협력을 이끌어내는 것이 주요한 이슈가 되는 사회일 것이다. PBL은 소그룹에서의 지속적 공동작업을 통해 협업 능력 및 합의 도출 능력 등을 길러줄 수 있다. 나아가 소그룹 내에서 자신의 인지 과정이나 자기주도적 학습 내용을 설명함으로써 의사소통 기술 역시 길러질 수 있다. 따라서 PBL은 통일 이후 사회에서 요구되는 협력적 태도와 의사소통 역량을 함양하는 데에도 효과적으로 작용할 수 있다.

마지막으로 학습자 수준에 따라 다층적인 학습이 가능하여, 이질적인 통일 인식 수준을 가진 학습자 모두에게 효과적인 교육 방식이 될 수 있다. 학생들은 사회, 지역, 가치관 등에 따라 통일에 대한 이해나 관점이 동일하지 않다. 일부 학생은 통일에 관심이 없거나 부정적인 태도를 가질 수 있으며, 일부 학생은 역사적, 정치적 관심을 가지고 접근한다. 이러한 상황에서 일방적인 강의식 수업이나 획일적인 활동 중심 수업은 학습자 간 간극을 심화시킬 위험이 있다. 이로 인해 통일교육 기본계획에서도 '학습자의 특성을 고려한 맞춤형 통일교육'을 통일교육의 방안으로 제한한 것이다. 이에 PBL은 학습자의 배경, 수준, 흥미에 따라 학습 목표와 학습의 깊이를 자율적으로 설정할 수 있는 구조를 제공한다. 문제를 어떻게 해석하고 어떤 방식으로 접근할 지를 학습자가 스스로 결정할 수 있기 때문에, 다양한 성향의 학습자를 모두 수용할 수 있는 구조를 제공한다. 특히 PBL의 자기주도적 학습 단계는 정보 탐색이나 개별 주제 심화 학습 등을 촉진하여 학습자 각자에게 맞는 다층적인 학습 경험을 보장할 수 있다.

이처럼 PBL은 통일교육이 직면한 다양한 과제와 요구에 효과적으로 대응할 수 있는 교수학습 방법으로 제안될 수 있다. 통일문제의 비구조성과 민감성, 정보의 유동성, 학습자의 무관심, 협업 역량의 요청, 이질적인 인식 수준 등은 모두 전통적인 수업 방식만으로는 해결이 어려운 요소들이다. 또한 통일문제의 복합적인 특성은 PBL의 구조적 특성과 밀접하게 부합한다. 특히 학습자의 능동적인 탐색과 토론을 중심으로 전개되는 PBL은 통일 문제에 대한 다각적 사고를 촉진하고, 통일사회가 요구하는 주요 통일역량을 함양하는 데에 중요한 학습 기회를 제공한다. 따라서 통일교육의 질적 전환과 효과성 제고를 위해서는 PBL과 같은 교육 방식이 핵심적인 전략으로 고려될 필요가 있다.

4 문제 중심 학습을 통한 증거 기반 통일교육의 적용 사례

1) 교수·학습 활동 개관

<table>
<tr><td>관련 교과</td><td>도덕</td><td>학습주제</td><td>남북 학생 갈등 해결방안 모색</td><td>차시</td><td>3차시</td></tr>
<tr><td>관련 교과 성취 기준</td><td colspan="5">9도03-03 북한에 대한 이해를 바탕으로 분단의 문제점을 분석하고, 도덕적 가치에 기초하여 통일의 의미를 재구성함으로써 바람직한 남북관계 및 통일의 방향을 제안할 수 있다.</td></tr>
<tr><td>학습 목표</td><td colspan="5">1. 남북한의 사회·문화적 차이를 이해하고, 남북한의 갈등 문제를 도덕적 관점에서 분석할 수 있다.
2. 도덕적 가치에 기초하여 남북 간 갈등 해결 방안을 협력적으로 모색하며, 이를 바탕으로 바람직한 남북관계를 제시할 수 있다.</td></tr>
<tr><td>사회적 기술 목표</td><td colspan="5">1. 갈등 상황에서 서로의 의견 차이를 경청하고 존중하며 의사소통 능력을 함양하고, 갈등을 극복할 수 있는 문제 해결 능력을 기른다.
2. 모둠원과의 토의·토론 과정에서 서로의 의견을 존중하고 이해하는 태도를 함양한다.</td></tr>
<tr><td>준비물</td><td colspan="5">수업용 PPT, 활동지, 규칙 안내지, 태블릿, 자기 및 동료 평가지, 포스트잇 또는 메모지</td></tr>
</table>

2) 교수·학습 활동 예시

도입 | 동기 유발 및 활동 안내

◆ 모둠 편성 및 활동 방법 안내

- 모둠활동을 위해 5-6명씩 한 모둠으로 구성하여 자리를 배치한다.

◆ 동기유발

- https://youtu.be/IV_sdhd1Xts?si=rnyXS4b8VatCN9e5 자료를 활용하여 동기를 유발한다.
- 북한이탈 학생이 남한에서 신기했던 내용에는 어떤 것이 있나요?
- 남북한 학생들의 생활 모습에서는 어떤 차이가 있을까요?
- 이러한 차이가 통일 이후 남북한 학생들 사이의 갈등으로 이어지지 않을지 생각해봅시다.

학습 목표 안내

- 남북한의 사회·문화적 차이를 이해하고, 남북한의 갈등 문제를 도덕적 관점에서 분석할 수 있다.
- 도덕적 가치에 기초하여 남북 간 갈등 해결 방안을 협력적으로 모색하며, 이를 바탕으로 바람직한 남북관계를 제시할 수 있다.

전개1 문제 제시

문제 제시하기

- [활동지] 통일 이후 남북한 학생들이 함께 생활하는 학교 공간에서 발생할 수 있는 구체적인 갈등 상황을 제시한다.

문제 명료화하기

- 문제 상황에 등장하는 용어의 의미를 확인한다.
- 책, 태블릿 등을 이용하여 북한 학생들의 학교 생활이 남한과 어떻게 다른지를 중심으로 확인하며, 소조활동 등의 핵심 용어의 의미를 파악한다.
- 해결해야 하는 문제가 무엇인지 구체적으로 규정한다.

전개2 문제 및 정보 분석

해결방안 나열하기

- 브레인스토밍을 통해 창의적으로 다양한 해결방식을 생각해보고 이를 나열한다.
- 문제 상황의 원인을 다양하게 분석해보고, 해당 원인에 대응되는 해결 방식을 인과적으로 분석하여 제안한다.

학습할 내용 식별하기

- 문제 해결을 위해 더 배워야 할 개념을 식별하고, 중요도에 따라 우선순위를 결정한다.
- 각자의 관심사, 학습 수준에 맞게 과제를 분배한다.

개별학습 자기주도적 학습

※ 수업 중 1차시로 진행하거나, 과제로 부여하는 방식을 채택할 수 있다.

개별 탐구 및 조사 활동

- 개별적인 학습 과정을 바탕으로, 자신이 맡은 주제에 대해 자료를 조사하고 정보를 수집한다.
- 자신이 맡은 주제에 적합한 문헌, 인터넷, 인터뷰 등 다양한 자료를 활용할 수 있다.
- 조사한 내용을 모둠원들에게 공유하기 쉬운 형태로 정리한다.

전개3 정보 공유 및 재분석

개별학습 내용 공유하기

- 각자 학습한 내용을 모둠원들과 함께 공유한다.

해결방안 재구성하기

- 새롭게 수집 및 학습한 정보들을 토대로, 기존의 문제 해결방안을 검토하고 평가하며 재구성한다.

전개4 문제 해결 및 적용

문제 해결의 구체적인 계획 수립하기

- 하나의 해결방안을 채택하여, 실행 단계에 따라 구체적인 문제해결 계획을 수립한다.

모둠의 문제해결 방안 발표

- 전체 학생들과 교사에게 모둠 안에서 구상한 문제 해결방안과 구체적인 계획안을 발표한다.
- 상호 피드백을 통해 문제 해결 과정에 대해 성찰한다.

정리 공유 및 평가하기

◐ 활동 소감 및 반성하기

- 활동을 통해 느낀 점을 공유하고 부족한 점이나 아쉬운 점에 대해 반성한다.

◐ 평가 및 정리하기

- 활동 참여도에 대한 자기평가 및 동료평가를 실시한다.
- 오늘 학습한 내용을 요약·정리한다.

3) 활동지 및 평가지

활동지 1 남북 학생 갈등 해결방안 찾기 (1)

__________반 모둠명____________________

▣ **다음에 제시된 남북 학생 갈등상황을 분석하여, 가장 적절한 문제 해결방안을 찾고 실천 계획을 수립해보자.**

통일 이후, 남한과 북한 출신 학생들이 한 학교의 같은 학급에서 함께 생활하게 되었다. 최근 학생회에서 동아리 활동 계획을 수립하는 과정에서, 학생들 간 의견 차이로 갈등이 발생하고 있다. 남한 출신 학생들은 자율적으로 동아리를 구성하고, 토론이나 프로젝트 활동을 스스로 기획하는 방식을 선호하는 반면, 북한 출신 학생들은 지도 교사의 지도를 받으며 체계적으로 운영되는 분야별 소조활동 방식에 익숙해 이러한 방식이 더 편하다고 느낀다. 이처럼 서로 다른 문화적 배경을 지닌 남북한 학생들이 갈등 없이 함께 방과 후 활동을 기획하고 참여할 수 있는 방안을 마련해야 한다.

1단계. 문제 명료화하기

- 모둠 제시된 문제에서 조사가 필요한 용어를 찾아 밑줄로 표시하고, 표시한 용어를 모둠원들과 함께 공유해보자. 태블릿 등을 이용하여 함께 용어의 의미를 찾아보자.

- 모둠 모둠원들과 상의하여, 제시된 문제가 무엇인지 한 문장으로 정리해보자.

활동지 2 남북 학생 갈등 해결방안 찾기 (2)

__________반 모둠명____________________

2단계. 문제 및 정보 분석하기

- 개별 다양한 해결방안을 브레인스토밍을 통해 탐색해보자.

- 모둠 브레인스토밍 내용을 모둠원들과 공유하고, 각자 발견한 해결방안에 대해 토의해보자. 문제의 원인과 해결방안을 인과적으로 연결하는 것에 유의하여 토의해보자.
- 모둠 토의 과정에서 추가로 학습해야 할 주제들을 선정해보자. 모둠원들의 관심사 등을 고려하여 학습 과제들을 분배해보자.

모둠원 이름	학습 과제/주제

활동지 3　남북 학생 갈등 해결방안 찾기 (3)

_________반　　모둠명_________________

3단계. 개별 탐구 및 조사 활동

- 개별 자신이 맡은 주제에 대해 탐구 및 조사 활동을 진행하고, 조사한 내용을 모둠원들에게 공유할 형태로 정리해보자.

4단계. 정보 공유 및 재분석

- 모둠 3단계에서 조사한 내용을 서로 공유해보자. 새롭게 알게 된 정보를 중심으로 문제 해결방안을 평가하고 고쳐야 할 부분들을 수정해보자.

해결 방안	활동 내용	우리 모둠의 평가
		☆☆☆☆☆
		☆☆☆☆☆
		☆☆☆☆☆
		☆☆☆☆☆

활동지 4 남북 학생 갈등 해결방안 찾기 (4)

________반 모둠명________________

5단계. 문제 해결방안 구체화하기

- 모둠 4단계에서 작성한 문제 해결방안 중 최상의 해결방안 하나를 선택하여, 구체적인 활동 계획을 수립해보자.

6단계. 모둠별 계획 공유하기

- 개별 다른 모둠에서 제시한 해결방안을 듣고, 각 모둠의 해결방안을 평가해보자.

모둠 이름	타당성	창의성	구체성	발표 유창성
	☆☆☆☆☆	☆☆☆☆☆	☆☆☆☆☆	☆☆☆☆☆
	☆☆☆☆☆	☆☆☆☆☆	☆☆☆☆☆	☆☆☆☆☆
	☆☆☆☆☆	☆☆☆☆☆	☆☆☆☆☆	☆☆☆☆☆
	☆☆☆☆☆	☆☆☆☆☆	☆☆☆☆☆	☆☆☆☆☆

학생평가 **자신의 활동과 우리 모둠의 활동을 평가해 보아요.**

________반　　모둠명________________

1 자기평가

1	모둠원들과 견해를 개방적이고 적극적으로 주고 받았는가?	1 2 3 4 5
2	모둠원들의 견해를 존중하는 자세로 경청하였는가?	1 2 3 4 5
3	개별학습 시 다양한 정보를 얻기 위해 적극적으로 탐색하였는가?	1 2 3 4 5
4	문제 분석을 통해 남북한의 사회·문화적 차이를 이해하였는가?	1 2 3 4 5
5	도덕적 가치에 기초하여 문제 해결 방안을 구상하고 깊이 있게 고민하였는가?	1 2 3 4 5

※ 수업이 끝난 후에도 추가적으로 탐구하고 싶은 내용이 있다면 간략히 적어봅시다.

2 모둠활동 평가

1	우리 모둠이 제시한 해결방안은 도덕적 가치에 기초하여 타당한 내용으로 제시되었는가?	1 2 3 4 5
2	우리 모둠이 제시한 해결방안은 우리 모둠만의 아이디어를 바탕으로 구성된 창의적인 방안인가?	1 2 3 4 5
3	우리 모둠이 제시한 해결방안의 실천계획은 충분히 구체적인가?	1 2 3 4 5
4	우리 모둠의 발표는 적절한 자료를 활용하여 전달력 있게 진행되었는가?	1 2 3 4 5

참고문헌

교육부(2022), 『2022 개정 도덕과 교육과정』. 교육부 고시 제2022-194호.

국립통일교육원(2022), 『청소년 통일사전』, 국립통일교육원, pp.46-83.

____________(2023.1.3.), [클립영상] 북한이탈주민 친구들이 우리나라에 와서 신기했던 것은? [Video], YouTube. 2023.1.3. https://youtu.be/IV_sdhd1Xts?si=9vTn5WpznGe-JHgsc

____________(2025), 『2025 통일교육 기본계획』. 통일부 국립통일교육원.

김병연(2023), "통일교육의 내용선정과 조직에 관한 연구". 『倫理硏究』, 143, 161-196.

이지경(2010), "문제중심학습(Problem-Based-Learning: PBL)의 통일교육 방법론 연구: 고등학교 사회과 정치학 통일교육을 중심으로", 『서석사회과학논총』, 3(2), 95-133.

정희태(2016), "대학에서의 통일교육 수업을 위한 PBL 기반교수-학습 모형 개발", 『倫理硏究』, 106, 221-249.

Albanese, M. A., & Mitchell, S.(1993). "Problem-based learning: A review of literature on its outcomes and implementation issues", *Academic medicine,* 68(1), 52-81.

Barrows, H. S., & Tamblyn, R. M.(1980). "Problem-based learning: An approach to medical education", (Vol. 1). *Springer Publishing Company*.

Barrows, H. S.(1983), "Problem-based, self-directed learning", *Jama*, 250(22), 3077-3080.

Barrows, H. S.(1986), "A taxonomy of problem-based learning methods". *Medical education*, 20(6), 481-486.

Demirel, M., & Dağyar, M.(2016). "Effects of problem-based learning on attitude: A meta-analysis study", *Eurasia Journal of Mathematics, Science and Technology Education*, 12(8), 2115-2137.

Gallagher, S. A., Stepien, W. J., & Rosenthal, H.(1992). "The effects of problem-based learning on problem solving", *Gifted Child Quarterly*, 36(4), 195-200.

Hmelo-Silver, C. E.(2004). "Proble-based learning: What and how do students learn?", *Educational psychology review*, 16, 235-266.

Hmelo-Silver, C. E., & Barrows, H. S.(2006), "Goals and strategies of a problem-based learning facilitator", *Interdisciplinary journal of problem-based learning*, 1(1), 4.

Schmidt, H. G.(1983). "Problem-based learning: Rationale and description", *Medical education*, 17(1), 11-16.

제5장

직소(Jigsaw) 모형에 기반한 통일교육

이동현(시흥능곡중학교)

① 직소 모형의 개념 및 이론적 배경

직소(Jigsaw) 모형은 미국의 심리학자 애런슨(Elliot Aronson)과 동료들에 의해 개발된 협동학습 기법으로, 5~6명 규모의 소집단을 구성하여 학습과제를 분담·통합하는 방식으로 운영된다. 이 모형은 전통적인 경쟁 중심의 교실 문화를 협력적 분위기로 전환하고, 학습자 간의 상호의존성을 증진시키기 위해 고안되었다.

이 모형의 역사적 기원은 1954년 브라운 대 교육위원회(Brown v. Board of Education) 판결 이후 미국 공립학교에서 시행된 인종통합 교육정책과 밀접한 관련이 있다. 애런슨(Aronson, E. & Bridgeman, D., 1979: 425~426)에 따르면 당시 교육 현장은 인종분리정책(desegregation)이 위헌이라는 연방대법원의 판결에 따라 다양한 인종 집단의 학생들이 한 교실에서 학습하게 되었으나, 기대와 달리 인종 간 갈등과 긴장이 심화되는 양상을 보였다. 애런슨과 연구팀은 이러한 갈등의 주요 원인 중 하나가 교실 내 경쟁적 구조에 있다고 분석하였다. 경쟁 중심의 수업은 학생들이 서로를 동등한 협력자로 인식하기보다 성취를 위한 경쟁 상대로 간주하게 만들었으며, 이는 상호 이해와 긍정적 관계 형성을 저해하였다(Aronson, E., & Bridgeman, D., 1979: 426-429).

이에 애런슨과 동료들은 학급 내에서 모든 학생이 공동의 목표를 향해 협력하도록 유도하고, 집단 구성원 간의 긍정적 상호작용을 촉진함으로써 다수 집단과 소수 집단 학생 간의 학업 성취 격차를 완화하며 집단 간 편견과 고정관념을 감소시키기 위해 직소 모형을 개발하였다(Aronson & Thibodeau, 2006: 210). 직소 모형에서는 '전문가 집단'과 '원 집단'이라는 독특한 소집단 구성 방식이 채택된다. 직소 모형의 기본 구조는 학습 내용을 일정한 수의 하위 단위로 분할하고, 각 학습자가 그중 한 부분을 전담하여 학습하는 방식으로 이루어진다. 예를 들어 수업 자료를 여섯 부분으로 구분한 경우, 각 학습자는 자신이 맡은 부분에 대한 심화 학습을 위해 동일 주제를 담당한 타 모둠의 구성원들과 '전문가 모둠'을 형성한다. 전문가 모둠에서의 학습을 통해 해당 내용을 충분히 이해한 후, 학습자는 원래 소속된 '원 모둠'으로 돌아가 다른 구성원들에게 자신이 학습한 내용을 설명하고 가르친다. 이러한 상호 교수 과정을 거친 뒤, 원 모둠에서 모든 구성원의 학습이 완료되면 개별 평가를 실시하여 학습 성과를 확인한다.

이처럼 두 유형의 소집단을 활용한 협동학습 전략인 직소 모형은 두 가지 특징을 갖는다. 첫째, 직소 모형은 학습자들 사이의 상호의존성을 어느 정도 강제하는 협동학습 방식이다(Aronson & Thibodeau, 2006: 206). 이 모형에서 각 구성원은 전체 과제의 일부를 맡아 수행하며, 그 부분은 전체 결과물의 완성과 주제 전반의 이해를 위해 필수적이다. 이는 직소 퍼즐의 조각들이 맞물려 하나의 완성된 그림을 이루는 과정과 유사하다. 학습자는 자신의 학습 목표를 달성하기 위해 다른 구성원의 역할 수행에 의존하며, 동시에 자신의 기여가 동료의 목표 달성에도 직접적으로 영향을 미친다. 이러한 구조는 개인 목표(예: 지식 습득, 성취도 향상)와 집단 목표가 상호 연결되도록 하며, 모든 구성원이 적극적으로 협력하지 않으면 누구도 원하는 성과를 얻을 수 없게 만든다(Aronson, 2006: 216). 결과적으로 직소 모형은 학생들이 서로를 과업 수행의 필수적 파트너로 인식하게 하고, 의도적으로 설계된 협력 구조를 구현한다.

둘째, 직소 모형의 또 다른 핵심 특징은 개별 책무성이다. 이 모형에서 각 학습자는 자신에게 할당된 학습 자료의 특정 부분을 숙지하고, 이를 원 모둠 구성원들에게 효과적으로 전달할 책임을 진다(Aronson, E. & Bridgeman, D., 1979: 428). 학생들은 전체 학습 내용을 완전하게 이해하기 위해 동료의 설명을 주의 깊게 경청하고 필요한 경우 질문을 제기해야 한다. 학습 과정이 종료된 후에는 개별 시험이나 퀴즈를 통해 각 학습자의 성취가 독립적으로 평가된다.

애런슨과 티보도(Aroson & Thibodeau, 2006)에 따르면, 직소 모형을 실제 실행한 교실과 전통적 교수법을 활용한 교실 사이에 유의미한 차이가 있었다. 직소 모형에 6주 이상 참여한 교실의 학생들의 학업성취도는 평균적으로 더 높았다. 특히 다수 집단 학생들(백인)의 학업성취도는 유지되거나 소폭 상승한 반면, 소수 집단의 학생들의 학업성취도는 유의미하게 상승하였는데, 이는 직소 모형에 의해 형성된 긍정적 상호작용 구조가 다수 집단의 학업성취도를 희생시키지 않으면서도 소수 집단의 학업성취 능력에 더 효과적으로 작용한다는 것을 의미한다. 또한 직소 모형을 적용한 교실의 학생들은 서로 다른 인종의 학생들에 대한 공감적 역할 수용을 하였으며 서로를 더욱 친밀하게 느끼게 되었다(Bridgeman, D., 1989).

종합하면, 직소 모형은 단순한 협동학습 기법을 넘어, 학습자 간의 상호의존성과 개별 책무성을 동시에 보장하는 구조를 통해 학업 성취, 사회적 관계, 외집단에 대한 편견 감소 등 다차원적인 교육 효과를 산출한다. 특히 다문화·다인종 맥락에서의 적용 사례는, 직소 모형이 집단 간 편견 완화와 사회적 통합에 기여할 수 있는 잠재력을 보여준다. 이러한 특성은 오늘날 학급 내 다양성이 확대되고, 경쟁 중심의 학습 문화가 여전히 강하게 작동하는 교육 현장에서 직소 모형을 유의미한 협동학습 전략으로 고려할 필요성을 제기한다.

② 직소 모형의 절차

1970년대에 애런슨과 동료들에 의해 개발된 이후로 직소 모형은 많은 교육연구자와 실천가들에 의해 수정 및 보완을 거듭해왔다. 이 때문에 직소 Ⅰ, Ⅱ, Ⅲ, Ⅳ, reverse 등 다양한 유형의 직소 모형이 존재한다. 이 중 가장 많이 사용된 협동학습 방식은 직소 Ⅰ과 직소 Ⅱ이기 때문에(Vives, E., et al, 2025), 두 유형의 차이점을 비교하고자 한다.

〈표 1〉은 애런슨의 홈페이지에 정리된 직소 모형의 절차를 정리한 것이다.

〈표 1〉 직소 모형의 절차

1단계	• 학생들을 5~6명의 원 모둠으로 나눈다. • 모둠 구성원은 다양한 배경의 학생들로 구성한다.
2단계	• 각 모둠에서 한 학생을 리더로 지목한다.
3단계	• 당일 수업 주제를 5~6개의 과제로 나눈다. 만약 엘리노어 루즈벨트(Eleanor Roosevelt)에 관해 배운 배운다면, (1)유년기, (2)프랭클린과의 결혼 후 가족생활, (3)프랭클린이 소아마비에 걸린 이후의 삶, (4)백악관에서 영부인으로서의 삶, (5)프랭클린의 죽음 이후의 생애에 관한 짧은 자료로 나눌 수 있다.
4단계	• 원 모둠의 각 학생에게 하나의 과제를 할당한다. 각 학생은 오직 자기 자신의 자료만을 학습할 수 있다.
5단계	• 학생들에게 학습 자료를 읽을 수 있는 시간을 최소한 두 번 제공하고 자료에 익숙해질 수 있게 한다. 단, 자료를 암기할 필요는 없다.
6단계	• 각각의 원 모둠에서 한 명의 학생이 같은 과제를 할당받은 다른 원 모둠의 학생들과 함께 '전문가 모둠'을 형성할 수 있도록 돕는다. • 전문가 모둠에서 학생들은 그들이 할당받은 자료에 관해 토의하고 학습한 후 이를 발표할 수 있는 방법을 연습할 기회를 갖는다.
7단계	• 학생들은 자신의 원 모둠으로 돌아간다.
8단계	• 각 학생들은 원 모둠 학생들에게 자신이 학습한 내용을 발표한다.
9단계	• 교사는 그룹 사이를 오가며 학습 과정을 관찰한다. • 모둠 활동이 원활하게 이루어지지 않을 경우 교사는 적절한 개입을 시도한다. 이때 교사의 직접적인 개입보단 모둠의 리더가 문제를 조율할 수 있도록 방법을 안내한다.

10단계	• 오늘 학습 주제의 모든 부분에 관해 학습이 끝나면 배운 내용에 관해 개별평가를 실시한다.

Jigsaw in 10 Easy Steps(검색일: 2025. 08. 10), Jigsaw Classroom, https://www.jigsaw.org/.

앞의 절에서 설명한 바와 같이 직소 모형은 구성원 사이의 협동이 필수적으로 요구되게 구조화되어 있다. 이때 구성원 사이의 협동은 '전문가 모둠'에서 얼마나 제대로 된 학습이 일어났는지에 따라 크게 좌지우지될 수 있다. 만약 전문가 모둠에서 자신에게 할당된 부분을 제대로 학습하지 못하고 원 모둠에 돌아가게 된다면, 그 원 모둠의 학생들은 그날 수업 주제 중 약 1/5 혹은 1/6을 학습하지 못하기 때문이다. 원 모둠의 리더는 구성원들이 모두 좋은 평가를 받을 수 있도록 여러 해결 방안을 제시할 수 있지만, 특정 부분에 대한 학습 결손이 반복 및 누적된다면 궁극적으로 구성원들 사이에 협동학습에 참여하기 위한 의지가 꺾일 수 있다.

직소 Ⅱ는 이와 같은 직소 모형의 한계를 개선하고 교사와 학습자 모두에게 보다 활용성이 높은 형태로 설계된 협동학습 모형이다(Slavin, R. E., 1991). 슬라빈(Slavin, 1991: 10)에 따르면, 직소 Ⅱ는 직소 Ⅰ에 비해 세 가지 차이점을 갖는다. 첫째, 직소 II는 모든 학생이 동일한 서술 자료(예: 책의 한 장, 단편 소설, 전기 등)를 읽은 뒤 특정 주제에 대한 전문가가 되도록 구성하여, 원본 직소에서 요구되던 개별 학습 자료 작성의 부담을 제거한다. 둘째, 공통 자료를 기반으로 주제를 분담하기 때문에 학생들은 전체 내용을 공유한 상태에서 심화 학습을 수행할 수 있어, 원본 직소의 극단적인 전문화로 인한 정보 단절을 완화하고 통합적 개념 이해를 용이하게 한다. 셋째, 모둠성취분담(Student Teams-Achievement Divisions) 전략의 향상 점수 제도를 도입하여 개별 퀴즈 점수를 팀 점수로 합산하고 팀 보상을 제공함으로써, 학습자들이 개인의 성취뿐 아니라 집단의 성과를 위해 적극적으로 참여하도록 동기를 강화하였다. 이러한 개선점들은 원본 직소의 구조적 한계를 보완하면서 학업 성취와 협력적 학습 태도의 향상을 동시에 도모한다.

③ 직소 모형을 통한 증거 기반 통일교육의 필요성

직소 모형은 그 효과성에 관한 다수의 연구 성과가 축적되어 있는 대표적인 협동학습 방법이다. 예를 들면, 직소 모형은 해티(Johm Hattie)의 수업 효과성 분석에서 효과 크기 d=1.2로, 138개 수업 전략 중 7위에 해당하는 높은 순위를 기록하였다(visible-learning. org, 2025). 이와 같은 결과는 직소 모형이 교육 현장에서 실질적 효과를 발휘하는 강력한 교수·학습 전략임을 시사한다. 나아가 직소 모형은 외집단에 대한 편견 감소 효과가 입증된 수업 방법이라는 점에서 집단 간 인식 개선이 중요한 과제로 설정되는 통일교육에서 유용한 학습 전략임을 보여주는 실증적 근거를 제공한다.

통일교육의 중요한 목표 중 하나는 북한 주민 및 북한이탈주민에 대한 편견 해소이다. 분단의 장기화로 인한 남북 간 이질화는 청소년들 사이에 북한에 대한 부정적 이미지와 선입견을 심화시키고 있으며, 이러한 경향은 SNS와 같은 매체를 통해 더욱 강화되고 있다. 잘못된 편견은 통일의 당위성을 약화시킬 뿐 아니라, 향후 심각한 사회적 갈등의 도화선이 될 수 있다. 따라서 통일교육은 단순한 지식 전달을 넘어 남북한에 대한 상호이해와 포용적 태도를 촉진하는 방향으로 설계될 필요가 있다.

직소 모형은 집단 간 편견 감소를 목적으로 개발된 협동학습 기법이라는 점에서 통일교육과의 접점이 뚜렷하다. 개발 초기부터 서로 다른 인종·문화적 배경을 지닌 학생들의 관계 개선을 목표로 설계되었으며, 실제로 직소 모형 적용 이후 인종 집단 간 호감도와 공감적 역할 수용이 유의미하게 증가한 것으로 보고되었다(Blaney et al., 1977; Bridgeman, 1981). 또한, 호주에서 수행된 초등학생 대상 실험연구는 직소 모형을 적용한 집단이 다른 협동학습 기법을 적용한 집단에 비해 학업 성과, 또래에 대한 긍정적 태도, 편견 감소에서 통계적으로 유의미한 향상을 보였음을 보고하였다(Walker & Crogan, 1998). 특히 해당 연구는 다양한 국적과 인종 간 갈등이 사회 문제로 대두되는 호주 사회에서 수행되었다는 점에서 의의가 크다.

아울러, 최근 여러 국가의 다양한 연령대(총 5,265명)를 대상으로 인종·장애 등 다양한 집단 간 편견 감소를 주제로 한 18개 현장 실험을 종합 분석한 메타분석 연구는 협동학습이 집단 간 격차를 완화하고 관계를 개선하는 효과적인 전략임을 검증한 바 있다(Tondok et al., 2024). 이러한 실증적 근거들은 직소 모형이 단순한 학업 성취 향상을 넘어 사회적 통합을 촉진하는 교육적 잠재력을 지니고 있음을 뒷받침한다.

결론적으로, 직소 모형은 학업 성취와 집단 간 편견 감소 효과를 동시에 입증할 수 있는 협동학습 기법으로서 증거 기반 통일교육을 위한 교수 전략으로 채택될 타당성을 지닌다. 이를 통일교육에 적용함으로써 학생들이 북한 주민과 북한이탈주민을 이해하고 포용하는 태도를 형성하며 남북한 공동체의 미래를 준비하는 실질적 역량을 함양할 수 있을 것이다.

4 직소 모형을 통한 증거 기반 통일교육의 사례

1) 교수·학습 활동 개관

관련 교과	도덕	학습주제	북한을 어떻게 이해해야 할까?	차시	2차시 이상
관련 교과 성취 기준	6도03-03 통일과정과 통일 이후 사회의 여러 가지 상황을 예상하고 바람직한 통일과정과 통일국가의 사회상을 제시한다. 9도03-03 북한에 대한 이해를 바탕으로 분단의 문제점을 분석하고, 도덕적 가치에 기초하여 통일의 의미를 재구성함으로써 바람직한 남북관계 및 통일의 방향을 제안할 수 있다.				
학습 목표	• 북한을 올바르게 이해하려는 자세를 지닌다. • 보편적 가치의 관점에서 본 북한 사회의 특징을 설명할 수 있다.				
준비물	수업용 PPT, 활동지, 태블릿				

2) 교수 · 학습 활동 예시

도입 **동기유발 하기**

북한 사회에 관한 이미지 떠올리기

- 북한 주민 혹은 북한이탈주민에 대한 편견 혹은 긍정적 이미지를 떠올릴 수 있는 카드를 제작하고, 모둠별로 나눠준 후 '북한'하면 어떤 이미지가 떠오르는지 고르게 한다.
- 북한 사회에 관해 갖고 있는 이미지에 대한 근거가 분명한지 질문하며 우리가 가진 편견에 관해 성찰하게 한다.

학습목표 제시하기

- 북한을 올바르게 이해하려는 자세를 지닌다.
- 보편적 가치의 관점에서 본 북한 사회의 특징을 설명할 수 있다.

전개1 **원 모둠 구성하기**

학생들을 4명의 이질적 구성원(성별, 학업 성취도, 성격)으로 원 모둠을 편성한다.

- 각 모둠에서 리더를 1명 선정한다. (진행 · 시간 관리 담당)

교사 유의사항

- 리더는 학업성취보다 책임감과 의사소통 능력을 고려해 선정한다.
- 모둠 내 관계가 원활하지 않은 학생들을 같은 팀에 배치하지 않도록 유의한다.

전개2 **과제 분담하기**

오늘 수업 주제를 안내하고, 원 모둠의 구성원에게 각기 다른 주제의 과제를 1개씩 부여한다.

1. 북한에 관한 상반된 관점과 올바른 이해
2. 북한 사회의 특징 — 정치
3. 북한 사회의 특징 — 사회
4. 북한 사회의 특징 — 문화

교사 유의사항

- 과제의 난이도를 균형 있게 분배한다.
- 주제별 자료 분량과 난이도를 학생 수준에 맞게 조정한다.

전개3 전문가 모둠 활동하기

동일 주제를 맡은 학생들이 전문가 모둠으로 모여 자료를 분석 및 토의하여 학습을 완료한다.

- 전문가 모둠에서 관련된 핵심 개념 정리, 보편적 가치(자유 · 평등 · 인권 등) 관점에서의 분석, 오해와 편견 바로잡기와 같은 학습이 이뤄질 수 있도록 지도한다.
- 원 모둠으로 돌아가서 자신이 학습한 내용을 어떻게 발표할 것인지 계획할 수 있는 시간을 별도로 제공한다.

교사 유의사항

- 교사는 모둠별 순회 지도하며 정보 왜곡이나 편견적 해석을 발견할 경우 피드백을 제공한다.

정리 원 모둠 복귀 및 또래 교수

원 모둠으로 복귀한 후 모둠원들에게 자신이 학습한 내용을 정리하여 발표한다.

- 각 전문가는 자신의 주제를 3~5분 내로 설명한다.
- 다른 모둠원들은 경청 후 핵심 내용을 학습지에 기록한다.

교사 유의사항

- 발표 시간을 준수할 수 있도록 지도한다.
- 모둠의 리더가 모둠원 사이의 경청하는 태도를 조율할 수 있도록 간접적으로 개입한다.
- 설명이 어렵거나 생략된 부분에 관해 보충 질문을 던질 수 있도록 모둠의 리더에게 방법을 안내한다.

정리 종합 학습 및 평가

각 모둠원이 전문가 모둠에서 학습해온 내용을 종합하여 '북한을 올바로 이해하기'요약 카드를 제작한다.

- 요약 카드를 작성하는 중에 제대로 학습하지 못한 부분이 있다면 해당 전문가에게 보충 질문을 던진다.

개별 학습지를 작성하여 오늘 배운 북한 사회의 특징과 편견 개선 방안에 관해 형성 평가를 진행한다.

교사 유의사항

- 학습 결손이 크게 발생한 모둠이 있다면 교사가 적절히 개입해야 한다.
- 평가 시 내용의 정확성뿐만 아니라 태도의 변화를 관찰할 수 있도록 노력해야 한다.

3) 활동지 및 평가지

활동지 1 원 모둠 학습지

_________반 모둠명__________________

1. 각자 전문가 모둠에서 학습한 내용을 돌아가며 발표해 봅시다. 또한 다른 모둠원의 발표를 듣는 동안 경청하며 핵심 내용을 요약하고 궁금한 점이나 추가 의견을 제시해 봅시다.

발표자 주제	핵심 내용 요약	궁금한 점 / 추가 의견
북한에 관한 상반된 관점과 올바른 이해		
북한 사회의 특징: 정치		
북한 사회의 특징: 사회		
북한 사회의 특징: 문화		

2. 오늘 활동을 통해 알게 된 북한 사회에 관한 편견은 무엇인가요?

3. 북한 주민이나 북한이탈주민에 대한 편견을 개선할 수 있는 아이디어를 제시해 봅시다.

활동지 2 전문가 모둠 학습지(1). 북한에 관한 상반된 관점과 올바른 이해

_______반 모둠명_______________

1. 북한을 긍정적 혹은 부정적으로 바라보는 시각과 그 근거는 무엇인가요?

긍정적 관점: 부정적 관점 :

2 북한에 관한 올바른 이해를 세 가지 관점에서 설명해 봅시다.

북한에 관한 올바른 이해	내용
균형 있는 이해	
객관적 사실에 근거한 이해	
보편적 가치에 근거한 이해	

활동지 3 　전문가 모둠 학습지(2). 북한 사회의 특징: 정치

_________반　　모둠명__________________

1. 북한 사회의 정치 체제의 특징을 설명해 봅시다.

북한 사회의 정치	내용
선거 제도	
지도 체제 및 권력 구조	
언론의 자유	

활동지 4 전문가 모둠 학습지(3). 북한 사회의 특징: 사회

________반　　모둠명________________

1. 북한 사회의 특징을 설명해 봅시다.

북한 사회의 특징	내용
사회 계층	
교육 제도	
복지 제도	

활동지 5 　전문가 모둠 학습지(4). 북한 사회의 특징: 문화

________반　　모둠명________________

1. 북한 사회의 문화적 특징을 설명해 봅시다.

북한 사회의 문화	내용
북한의 전통 문화	
대중매체	
남북 문화교류	

학생평가 자신의 활동과 모둠원의 활동을 평가해 보아요

________반 모둠명________________

1 자기평가

1	학습에 능동적으로 참여하였는가?	1 2 3 4 5
2	자신이 분담한 과제를 성실히 학습하였는가?	1 2 3 4 5
3	자신이 분담한 과제를 모둠원들에게 효과적으로 설명하였는가?	1 2 3 4 5
4	다른 모둠의 발표를 경청하였는가?	1 2 3 4 5
5	오늘 학습한 내용을 스스로 성찰하였는가?	1 2 3 4 5

※ 수업이 끝난 후에도 추가로 탐구하고 싶은 내용이 있다면 간략히 적어봅시다.

2 동료평가

1	모둠 활동에 적극적으로 참여하였는가?	1 2 3 4 5
2	모둠 내 역할에 충실히 임하였는가?	1 2 3 4 5
3	자신의 의견을 제시할 경우, 상대를 배려하면서 적절하게 표현하였는가?	1 2 3 4 5
4	모둠원 간 협력에 긍정적인 영향을 주었는가?	1 2 3 4 5

참고문헌

Aronson, E.(2002), "Building empathy, compassion, and achievement in the jigsaw classroom", In J. Aronson (Ed.), *Improving academic achievement: Impact of psychological factors on education*, Academic Press.

Aronson, E., & Bridgeman, D.(1979), "Jigsaw groups and the desegregated classroom: In pursuit of common goals", *Personality and Social Psychology Bulletin*, 5(4), 438-446.

Aronson, E., & Thibodeau, R.(2006), "The jigsaw classroom: A cooperative strategy for reducing prejudice", *In Cultural diversity and the schools,* 231-255.

Bridgeman, D. L.(1981), "Enhanced role taking through cooperative interdependence: A field study", *Child Development*, 52(4), 1231-1238

Blaney, N. T., Stephan, C., Rosenfield, D., Aronson, E., & Sikes, J.(1977). "Interdependence in the classroom: A field study", *Journal of Educational Psychology*, 69(2), 121-128.

Hattie Ranking: 252 Influences And Effect Sizes Related To Student Achievement(검색일: 2025. 08. 10.), https://visible-learning.org/hattie-ranking-influences-effect-sizes-learning-achievement/

Slavin, R. E.(1991). *Student team learning: A practical guide to cooperative learning.* National Education Association Professional Library.

Tondok, M. S., Suryanto, S., & Ardi, R.(2024). "Building bridges in diverse societies: A meta-analysis of field experimental cooperative learning studies on intergroup relations in educational settings". *Societies*, 14(11), 221.

Vives, E., Poletti, C., Robert, A., Butera, F., Huguet, P., Régner, I., & ProFAN Consortium.(2025). "Learning with jigsaw: A systematic review gathering all the pieces of the puzzle more than 40 years later". *Review of Educational Research*, 95(3), 339-384.

Walker, I., & Crogan, M.(1998). "Academic performance, prejudice, and the Jigsaw classroom: New pieces to the puzzle", *Journal of Community & Applied Social Psychology*, 8(6), 381-393.

제6장

디자인 싱킹에 기반한 통일교육

전성은(오류남초등학교)

통일교육에서는 남북한의 현 상황 이해, 혹은 통일과 관련된 정보 학습을 넘어서, 학습자가 관련된 문제 상황에 공감하고, 주체적으로 해결책을 모색하는 능력을 기를 수 있어야 한다. 왜냐하면 통일과 관련된 다양한 의견이 존재하고 국제 정세와 남북한 관계 변화 등이 역동적으로 변동하는 상황에서 학생들은 이러한 문제에 공감하고 해결할 수 있는 능력을 갖추어야 하기 때문이다. 이에 따라 6장에서는 창의적 문제 해결 방법으로서 디자인 싱킹(Design Thinking)을 제안하고자 한다. 이를 위해 먼저 디자인 싱킹의 개념과 이론적 배경을 고찰하고, 디자인 싱킹 절차와 방법을 정리하여 제시한다. 이후 통일교육에서 디자인 싱킹이 필요한 이유를 밝히고, 마지막으로는 디자인 싱킹을 적용한 통일교육의 예시를 제시하여 효과적인 통일교육 실현에 기여하고자 한다.

1 디자인 싱킹의 개념 및 이론적 배경

1) 디자인 싱킹의 개념

디자인 싱킹이라고 하는 것은 일반적으로 학생들에게 모형을 설계하고, 이러한 모형에 대한 실험 기회를 제공하며, 피드백을 수집한 후 재설계를 반복하는 분석적이고 창의적인 과정으로 정의된다(Razzouk & Shute, 2012: 330). 디자인 싱킹에 주목하는 학자들은 고도로 기술화된 현대 사회에서는 과거와는 다른 역량을 개발하고 활용해야 한다고 주장한다. 그리고 그 방법의 하나로 디자인 싱킹을 제안한다.

디자인 싱킹은 크게 두 가지 방식으로 논의되어 왔다. 하나는 전문 디자이너의 육성을 위해 어떠한 실무 기술과 역량을 길러주어야 하는지와 관련된 내용을 성찰 및 분석하면서, 이러한 내용을 이론적으로 정리하고자 하는 시도이다. 이 경우에는 디자인 싱킹 또는 디자이너적 사고(designerly thinking)라는 용어를 사용하고 있으며, 디자인 자체와 직접적으로 연관된 학문 분야에서 활용되고 있다. 반면, 디자이너적 사고 방법을 경영, 교육, 의학 등 디자인 이외의 학문에서 적용하려는 시도에서는 디자인 싱킹이라는 용어만을 활용하고 있다(Johansson-Sköldberg, Woodilla & Çetinkaya, 2013: 123). 본 장에서 통일교육에 적용하고자 하는 디자인 싱킹은 디자이너적 사고를 다른 학문에서 적용하고자 하는 것이며 후자의 디자인 싱킹과 관련된다.

비즈니스, 법률, 초등 교육, 과학, 의학 등 디자인 외의 다양한 분야에서 디자인 싱킹을 활용하는 것은 혁신과 가치 창출을 위한 것이다. Brown(2008)은 연구에서 디자인 싱킹이 단순한 제품·서비스에 영향을 미칠 뿐만 아니라 그것을 만드는 프로세스, 전략까지 변화시킬 수 있음을 지적한다. Kolko(2015)는 본래 제품 설계에 사용되던 디자인 싱킹이 대규모 조직의 문화 변화를 촉진하는 데에도 활용되고 있다고 설명한다(Pande & Bharathi, 2020에서 재인용).

디자인 싱킹은 사실을 분석하여 패턴을 발견해 내기보다는, 기존의 사실에 대한 이해를 바탕으로 창의적인 새로운 해결책을 만들어 내는 것과 관련이 있다. 또한 추상적인 내용을 그대로 이해하는 것보다는 현실적인 세계에 더 관심이 있다. 즉, 여러 사실로부터 일반적인 규칙을 발견해내는 과학적 사고와는 대조적인 위치에 있다고 볼 수 있다. 디자인 싱킹은 다음과 같은 특징을 지니고 있다(Owen, 2007: 23-25).

(1) 조건부 창의성 : 디자인 싱킹에서 지향하는 창의성은 과학적 창의성과는 다른 방식의 창의성으로, 현상에 대한 이유 자체를 탐색하는 것보다는, 무엇을 만들어 낼 것인지에 더 큰 관심이 있다. 조건부 창의성이라는 것은 디자인 싱킹이 추구하는 것이 단순히 참신한 아이디어가 아니라 '인간 중심', '환경 중심'이라는 틀 안에서 참신한 것을 떠올려야 한다는 것을 의미한다.

(2) 인간과 환경 중심 : 디자인이라고 하는 것은 본래 고객 지향적이다. 따라서 디자인 싱킹에서는 해당 상황에 처해 있는 사람들의 요구를 어떻게 반영해야 할지를 지속적으로 고민해야 한다. 또한 최근 디자인 싱킹에서는 '환경' 요인 또한 중시한다. 단순히 사람의 요구들만을 고려하지 않고, 각 상황에서의 환경적 이익을 중요하게 다루고자 한다.

(3) 시각화 능력 및 언어 능력 중시 : 본래 디자인은 시각적으로 자신의 사고를 표현하는 것이다. 따라서 디자인 싱킹은 그 과정에서 다양한 매체로 자신의 아이디어를 시각화하고, 각자 머리 속으로 생각하고 있는 것을 한 눈에 보여줄 것을 요구한다. 더불어 디자인 싱킹의 도구로서 언어를 중시한다.

(4) 협업 중시 : 본래 디자인 작업의 경우 클라이언트와 협업해야 하기 때문에, 뛰어난 대인 관계 기술이 요구된다. 디자인 싱킹이 적용되는 경우, 다양한 사람들과의 협력을 전제로 한다. 따라서 디자인 싱킹을 할 때, 다른 사람과의 협력을 위한 역량을 갖춰야 한다.

(5) 균형적 태도 강조 : 외부의 비판적이고 불확실한 환경 속에서도 전문가로서 균형을 유지하며, 자신의 감정을 절제할 수 있어야 한다. 또한 사용자 요구와 시장 상황의 변화에 유연하게 대응하는 능력이 중요하다. 상상력을 발휘하는 것은 중요하지만 현실적 실행 가능성을 탐색하면서 균형을 유지할 수 있어야 한다.

(6) 융합적 설계 역량 강조 : 디자인 싱킹의 경우 여러 대안 중 하나를 선택하기 보다는 양립이 불가능해 보이는 대안들 사이의 요소를 추출한 후 재통합하여 최적의 해결책을 도출한다. 또한 경제, 환경, 사회적 이익을 동시에 만족시키는 대안을 지향하며 전문화된 지식의 경계를 넘나들고자 한다.

(7) 시스템적 설계 강조 : 디자인 싱킹 과정에서 수집한 정성적인 정보를 각 단계에 알맞게 체계적으로 처리하여 복잡한 사용자 요구와 환경 맥락을 정확하게 반영할 수 있다. 또한 시스템을 활용하면서 문제를 전체적으로 조망하고, 부분적인 해결책보다는 복합적인 해결방안 도출이 가능하다.

지금까지 살펴본 디자인 싱킹의 특징을 간략하게 정리하면 '인간 · 환경 중심', '협업 지향', '시각화 · 언어화 역량', '균형 유지', '융 · 복합적 시스템에 기반한 설계'이다. 이러한 특징으로부터 디자인 싱킹은 다층적이고 융합적인 사고가 필요하며 각 과정에서 다양한 역량이 요구된다는 점을 알 수 있다.

2 디자인 싱킹의 절차

디자인 싱킹이 제대로 이뤄지기 위해서는 관련 규칙을 지키고, 디자인 싱킹의 각 절차에 알맞은 활동이 이뤄져야한다. 먼저, 디자인 싱킹에서 지켜야 하는 주요 규칙을 살펴보면 〈표 1〉과 같다(Wolniak, 2017: 248).

〈표 1〉 디자인 싱킹의 주요 원칙

원칙	설명
사람의 규칙 (The human rule)	혁신 시스템은 개인을 기반으로 하지만, 새롭고 도전적인 아이디어를 실현하기 위해서는 팀이 필수적이다. 혁신 과정을 가장 효과적으로 수행하려면 팀은 다양한 배경을 가진 구성원으로 이루어져야 하고, 민첩하게 움직일 수 있어야 한다. 사람은 디자인 프로세스에서 가장 소중한 자산이어야 한다.
모호성의 규칙 (The ambiguity rule)	모호함을 유지해야 하며, 한 가지 아이디어에만 머무르지 말아야 한다. 항상 재구성하려는 상태에 있어야 하며, 그 과정은 길고 모호하고 답답하게 느껴질 수 있지만, 다양한 미래를 창조하기 위해서는 필수적이다.
재설계의 규칙 (The re-design rule)	미래를 바라볼 때 과거를 돌아보는 것은 항상 유익하다. 문제에 대한 이전의 해결 방식을 이해하고 그로부터 배워야 한다. 기술과 사회적 환경은 끊임없이 변화하므로, 과거에 어떤 요구가 어떻게 충족되었는지, 누가 어떻게 접근했는지를 파악하는 것이 필수적이다.
구체화의 규칙 (The tangible rule)	반드시 구체적으로 구현되어야 한다. 아이디어를 손에 잡히는 형태로 만들어야 빠르게 학습하고 효과적으로 발전시킬 수 있다. 따라서 개념적 프로토타이핑(conceptual prototyping)은 디자인 씽킹 전 단계에서 핵심 활동으로 자리 잡고 있으며, 이를 통해 아이디어는 눈에 보이고, 만져지고, 시험될 수 있다.

일반적으로는 공감하기, 정의하기, 생각하기, 프로토타입, 테스트하기의 다섯 단계로 구분된다(추병완 외, 2024; Hasso Plattner Institute of Design, 2010; Wolniak, 2017). 각 단계에 대해 간략히 서술하면 다음과 같다.

(1) 공감하기 (Empathize)

공감하기 단계는 인간 중심의 디자인 활동이 이뤄지기 위한 가장 핵심적인 단계이다. 공감 단계란 제시된 상황의 맥락을 파악하고 그 상황에 처해있는 사람들을 이해하기 위해 노력하는 것이다. 각 상황에서 사람들이 어떻게 행동하는지, 그 이유는 무엇인지, 신체적·정서적 욕구는 무엇인지, 세상을 어떻게 인식하는지, 무엇이 의미있다고 생각하는지를 이해하기 위해 노력을 기울이는 것이다.

(2) 정의하기(Define)

정의하기 단계는 디자인 과정을 명확하게 하고 각 과정에서 어떤 것에 초점을 맞춰야 하는지를 설정하는 단계이다. 즉, 공감하기 단계에서 파악한 사용자와 맥락을 고려하면서 수행해야 할 과제를 정의하는 것이다.

정의하기 단계에서 중요한 목표는 '의미 있고 실행가능한 진술문(problem statement)'을 만드는 것이다. 이 진술문은 특정 사용자 혹은 가상의 복합 인물에게 무엇이 필요할지에 대해 초점을 맞춰 작성해야 한다. 지금까지 수집한 정보를 종합하여 연결점과 패턴을 발견하고, 그 연결점과 패턴에 의미를 부여하는 단계이다.

(3) 생각하기(Ideate)

생각하기 단계는 아이디어 생성에 집중하는 단계이다. 이 단계에서는 '폭넓게 사고하기(going wide)' 과정이 주로 이루어진다. 생각하기 단계에서는 이후에 제작될 프로토타입을 위한 연료이자 원재료로서의 아이디어 생성이 주로 이루어진다.

(4) 프로토타입(Prototype)

프로토타입 단계에서는 최종 솔루션에 한층 더 다가갈 수 있도록 질문과 관련된 답을 반복해서 생성하는 단계이다. 초기 단계에서는 짧은 시간 내에 노력을 크게 들이지 않는 프로토타입을 제작하여 사용자와 동료로부터 유용한 피드백을 얻어야 한다. 피드백을 받은 이후 반복적으로 수정하면서 프로토타입과 관련 질문이 보다 구체적으로 다듬어진다. 이 단계에서 만들어지는 프로토타입은 포스트잇 벽, 직접 조립한 기기, 역할극 활동, 심지어 스토리보드처럼 상호작용할 수 있는 것이라면 무엇이든 될 수 있다.

(5) 테스트하기(Test)

테스트하기 단계는 만든 프로토타입에 대해 사용자로부터 피드백을 받고, 사람들로부터 공감을 다시 한 번 얻어야 하는 단계이다. 테스트하기 단계의 경우, 사람들의 의견을 경청한다는 점에서는 공감단계와 유사해보인다. 하지만, 테스트하기 단계는 초기 공감 단계와 달리 이미 문제가 어느 정도 재정의되어 있으며, 프로토타입도 준비된 상태이다. 이 단계에서 테스트를 할 때 단순히 사람들이 프로토타입이 좋은지 싫은지로 질문을 단순화해서는 안 된다. 대신 "왜?"라는 질문을 계속 제시하면서, 사용자와 현재 처한 상황과 관련된 문제, 그리고 아직 드러나지 않은 잠재적 솔루션에 대해 배울 수 있도록 노력해야 한다.

디자인 싱킹의 단계를 좀 더 구체적으로 나누고자 하는 경우에는 다섯 단계가 아닌 일곱 단계로 나누어 서술하기도 한다. 이 경우 디자인 싱킹의 단계는 (1) 정의하기(Define), (2) 탐구하기(Research), (3) 생각하기(Ideate), (4) 프로토타입 만들기(Prototyping) (5) 선택하기(Selection), (6) 실행하기(Implementation), (7) 학습하기(Learning)의 단계로 구성된다. 각 단계를 간략하게 설명하면 〈표 2〉와 같다(Wolniak, 2017).

〈표 2〉 디자인 싱킹의 7단계 절차

단계	특징
정의하기 (Define)	문제와 제약 조건을 정확히 이해한다. 이를 통해 보다 정교한 해결책을 개발할 수 있다.
탐구하기 (Research)	이 단계에서는 디자인 문제의 이력, 최종 사용자 조사 및 의견 조사 인터뷰와 같은 정보를 검토하며, 문제 해결과 관련된 잠재적 장애물을 식별할 수 있다.
생각하기 (Ideate)	최종 사용자의 동기와 요구를 파악하고, 브레인스토밍 등을 통해 이러한 요구를 충족할 수 있는 아이디어를 생성한다.
프로토타입 만들기 (Prototyping)	이 단계에서는 아이디어를 구체화하여 사용자 그룹 및 이해관계자의 검토를 거친 후 프로토타입을 제시한다.
선택하기 (Selection)	제안된 솔루션이 디자인 목표에 비추어 검토된다. 일부 솔루션은 실용적일 수 있으나 최상의 해결책은 아닐 수도 있다.
실행하기 (Implementation)	디자인 개발을 완료하고 최종 결과물을 전달한다.
학습하기 (Learning)	자신의 성과를 개선하기 위해 노력하는 단계이다. 도출된 솔루션이 목표를 얼마나 충족했는지 평가하고, 향후 보완해야 할 부분을 식별하도록 한다.

디자인 싱킹의 7단계 절차의 경우, 5단계 절차와 구분되는 점은 사용자의 의견 청취와 문제 정의의 순서가 다르다는 점이다. 또한 7단계 절차의 경우, 디자인 목표를 고려하여 가장 최선의 프로토타입을 선택하는 단계를 추가적으로 제시하고 있어, 대안별 비교 및 선택을 중요하게 고려하고 있음을 알 수 있다. 이에 비해 5단계의 경우 대안 중 하나를 선택하는 활동보다는 프로토타입을 여러 번 테스트하고 수정하는 활동에 초점을 맞추고 있다. 이러한 점을 고려해 볼 때, 각 학습 상황과 학생들에게 길러주어야 하는 역량에 따라 5단계와 7단계 절차를 선택하여 활용할 수 있다.

③ 디자인 싱킹을 통한 통일교육의 필요성

디자인 싱킹을 활용한 수업의 효과는 여러 연구에 의해 지지되고 있다. Johansson-Sköldberg 외(2013)의 연구에서는 디자인 싱킹이 혁신을 이루는 가장 좋은 방법이라는 견해를 제시하였으며, Glen 외(2014)의 연구에서는 혁신이 필요한 상황, 복잡하고 비구조화된 상황을 해결하기 위한 방법으로 디자인 싱킹을 제시하였다. Scheer 외(2012)의 연구에서는 디자인 싱킹을 활용했을 때 교사와 학생 모두의 수업 경험이 향상됨을 확인했다고 밝혔으며, 디자인 싱킹을 통해 교사들이 21세기 역량을 함양하는 구성주의 학습을 촉진할 수 있도록 지원해야 함을 주장하였다.

디자인 싱킹의 실제 효과는 Yoon(2023)의 연구를 통해 잘 드러난다. 이 연구에서는 디자인 싱킹와 관련하여 정량적 결과를 제공하는 21개의 실험 연구를 메타분석하였고, 그 결과 디자인 싱킹을 통한 학습이 초등학생과 중학생에게 모두 유의미한 것으로 나타났다. 특히, 인지적 영역과 관련해서는 비판적 사고를 길러주는데 효과가 크고, 창의성과 문제 해결 능력의 향상에도 유의미한 효과가 있다고 나타났다. 정서적인 부분에 있어서는 자기효능감, 사회성, 감성지능의 부분에서 효과가 뛰어난 것으로 나타났다.

디자인 싱킹이 통일교육에서 활용되어야 하는 이유는 통일교육이 다루고 있는 주제나 문제의 성격과 연관된다. 첫째, 통일과 관련된 과제는 정치·경제·사회적 요인이 복합적으로 얽혀 있어 명확한 해답을 바로 찾기 어려운 문제이다. 앞에서 서술하였듯 디자인 싱킹은 새로운 해결책을 만들어 내기 위해 시작된 접근이며, 실제로도 창의성과 문제해결 능력의 향상에 도움이 될 수 있다는 점에서 통일교육에 필요한 교육 방법이라고 할 수 있다. 또한 디자인 싱킹에서의 '문제 정의(Define)' 단계는 불확실하고 모호한 이슈 속에서 어떤 문제를 탐구해야 하는지 핵심 과제를 재구성하고, 문제의 초점을 명확하게 하는 기회를 제공한다. 이 과정에서 학생들은 광범위한 통일 문제 중에서도 학생들이 해결 가능한 핵심 과제를 선정하고, 그 과제에 집중할 수 있다.

둘째, 통일 문제는 통일과 관련된 사람들의 입장을 이해하는 것이 중요한 문제이다. 통일과 관련된 문제에 대해서는 사람들마다 서로 다른 입장을 지니고 있으며, 통일의 두 주체인 남북한은 오랜 시간 분단되어 서로 다른 사회·문화적 경험을 지니고 있다. 따라서 통일의 이해당사자들의 입장과 감정에 대해 충분히 탐색하는 것이 필요하다. 디자인 싱킹의 경우 공감지능의 향상에 효과적일 뿐만 아니라, 디자인 싱킹의 '공감하기(Empathy)' 단계를 통해 학습자가 상대방의 입장과 감정을 직접 탐색하고 경험하는 기회를 가질 수 있다는 점에서 통일교육에 효과적인 접근법이다. 학생들은 통일 문제를 탐구할 때 공감하기 단계를 통해 현실적 제약과 요구를 보다 섬세하게 파악할 수 있다.

셋째, 통일은 일반적으로 학생들이 스스로 해결하기 어려운 문제, 추상적인 문제로 여기는 경우가 있다. 만약 통일교육이 체계적인 정보 학습에 그친다면 학생들은 통일 문제를 자신과는 거리가 있는 문제로 여길 것이다. 디자인 싱킹의 '생각하기(Ideate)' 단계를 통해 폭넓게 사고하기 과정을 거침으로써, 학생들은 통일과 관련된 다양한 생각을 자유롭게 발산할 수 있다. 이 경우 브레인스토밍·SCAMPER 기법 등을 활용할 수 있다. 생각하기 단계에서 자신의 생각을 자유롭게 이야기하고, 다른 학생들의 다채로운 시각과 대안에 대해 의견을 교환하면서, 기존과는 다른 참신한 통일 방안을 모색할 수 있다. 또한 디자인 싱킹은 학생들이 자신이 맡은 과제를 성공적으로 수행할 수 있는 기회를 제공하여 자기효능감 증진에 효과적이다. 즉, 디자인 싱킹을 통해 학습하는 과정이 반복적으로 이뤄질 경우, 통일과 관련된 해결 방안을 성공적으로 찾아낼 수 있다는 믿음을 가질 수 있게 된다.

넷째, 통일교육은 단순히 지식을 습득하는 것이 아닌 공동체 차원의 합의를 도출하는데 필요한 역량을 함양하는 교육이 되어야 한다. 디자인 싱킹은 다양한 배경의 팀원들과 협업할 것을 전제하므로, 학생들에게 효과적인 대인관계 기술과 소통 역량을 기르게 한다. 디자인 싱킹을 통해 동료나 교사, 가상의 이해관계자로부터 피드백을 수집하고, 이를 반영하여 아이디어를 재설계하고, 서로의 의견을 조율하는 과정은 이후 통일 문제 해결을 위한 역량 함양에 도움이 된다.

다섯째, 통일 이후 사회는 현재와는 다른 새로운 환경과 요구에 맞는 창의적인 접근을 필요로 할 수 있다. 디자인 싱킹의 '재설계(re-design)' 원칙을 고려해보면 디자인 싱킹에 기반한 통일교육은 과거의 사례를 분석하고, 향후 사회·기술 환경 변화를 예측하여 지속 가능한 해결책을 설계하도록 돕는다. 이를 통해 학생들은 단발성 해법이 아닌, 장기적·전략적 관점에서 통일 방안을 구상할 수 있다는 점에서 도움이 된다.

마지막으로 디자인 싱킹은 머릿속 아이디어를 실제 행동으로 옮기는 '구체화(tangible)' 과정을 중시한다는 점에서, 실천적인 통일교육이 이뤄질 수 있도록 돕는다. 디자인 싱킹에 기반한 교육이 이뤄질 경우, 자신의 생각을 가시화한 프로토타입이 반드시 만들어져야 한다. 따라서 학생들은 통일 문제와 관련된 모의 정책, 캠페인 계획서, 커뮤니티 운영 계획서 등 실제적인 것을 만들고, 이를 검토하며, 수정 보완하는 과정을 거치게 된다. 이러한 실제적인 활동을 수행해나가면서 통일교육과 관련된 학습 효과는 더욱 견고해진다.

④ 디자인 싱킹을 통한 통일교육의 적용 사례

1) 교수 · 학습 활동 개요

관련 교과	도덕	학습주제	바람직한 통일의 방향	차시	3차시 이상
관련 교과 성취 기준	4도03-01 통일의 필요성을 이해하고, 통일 감수성을 길러 바람직한 통일의 방향을 모색한다. 6도03-01 통일과정과 통일 이후 사회의 여러 가지 상황을 예상하고 바람직한 통일과정과 통일 국가의 사회상을 제시한다.				
학습 목표	• 통일의 필요성과 의미를 이해하고, 통일 감수성을 기를 수 있다. • 통일 과정과 통일 이후 사회를 예측하고, 바람직한 통일 방향을 제시할 수 있다.				
준비물	수업용 PPT, 활동지, 태블릿, 학습 주제 관련 도서				

2) 교수 · 학습 활동 지도안

도입 **학습 문제 확인하기**

동기 유발 및 문제 제시

• '통일은 나와 상관 없는 일이다' 동영상을 시청한 후 통일과 관련된 자신의 의견을 발표한다.

"본 저작물은 '국립통일교육원'에서 2020년에 작성하여 공공누리 제4유형으로 개방한 '통일은 나와 상관 없는 일이다?(중 2 도덕), 통일부'를 이용하였으며, 해당 저작물은 '국립통일교육원(www.uniedu.go.kr)'에서 무료로 다운받으실 수 있습니다."

- 영상 속의 사람들은 단 하나의 소원만 이뤄주는 마법 램프를 통일에 사용하고 싶어했습니까?
- 내가 마법 램프를 발견한다면 통일이 되는 것에 그 소원을 사용하고 싶을까요?

학습 목표 안내

- 통일의 필요성과 의미를 이해하고, 통일 감수성을 기를 수 있다.
- 통일 과정과 통일 이후 사회를 예측하고, 바람직한 통일 방향을 제시할 수 있다.

전개1 문제 정의하고 탐구하기

문제 분석 및 이해하기

- [활동지1]을 활용하여 통일, 분단과 관련된 자신의 인식을 점검해 본다.
- 모둠별로 통일과 관련된 생각을 자유롭게 나누면서 통일에 대해 가지고 있던 거리감, 무관심, 오해 등을 스스로 인식한다.
- 통일과 관련된 인식을 공유한 후, 학생들이 통일 문제를 이해하기 위해 관련된 '탐구할 문제'를 스스로 정의한다.
- 설정 가능한 탐구할 문제 : 바람직한 통일 방안은 무엇이 있을까? 통일은 우리에게 어떤 변화를 가져올까? 통일로 인해 발생할 문제점과 해결 방안은 무엇일까? 등

문제 관련 정보 수집 및 조사

- [활동지2]를 활용하여 통일과 관련된 문제를 깊게 이해하기 위해 다양한 정보를 수집하고 분석한다.
- 자료 주제 : 남북 문화 차이, 통일 비용, 독일 통일 사례 등
- 자료 조사 방안 : 도서, 신문기사, 영상, 통일 관련 웹사이트 등을 다양하게 활용하여 조사한다.

※ 태블릿 기기를 이용하여 조사하는 경우, 학생들이 태블릿 기기를 올바르게 사용할 수 있도록 안내한다.

전개2 아이디어 생각하기

통일 방향 아이디어 생성하기

- 정보 검색, 문헌 탐색 등을 통해 모은 정보를 바탕으로 주요 주제에 대한 해결 아이디어를 창의적으로 상상해본다.
- 고정된 형식 없이 자유롭게 통일의 과정과 결과를 상상하고 다양한 방안을 공유한다.
- 통일 이후 사회의 모습, 시민의 역할, 제도적 변화 등 다양한 주제에 대한 아이디어를 생성한다.
- 아이디어 생성에 활용 가능한 활동

① 브레인스토밍 : 자유롭게 아이디어를 떠올리고 공유하는 창의적인 사고 기법 ② 브레인라이팅 : 자신의 아이디어를 글로 작성하여 공유하는 아이디어 발상 기법 ③ 스캠퍼(SCAMPER) : 대체하기(Substitute), 결합하기(Combine), 응용하기(Adapt), 변형하기(Modify), 다른 용도로 사용하기(Put to other uses), 삭제하기(Eliminate), 뒤집거나 순서 바꾸기(Reverse/Rearrange)와 같은 7가지 관점을 통해 새로운 것을 상상하도록 하는 활동

※ 다양한 관점에서 사고하고 짧은 시간 내에 많은 아이디어를 도출하는 것에 목적이 있으므로, 비판을 금지하고, 격려를 촉진하여 심리적 안정감을 조성하는 것이 중요하다.
※ 아이디어 상상을 위해 [활동지3]을 활용할 수 있다.

전개3 프로토타입 만들기

바람직한 통일 모델 생성하기

- 아이디어 생각하기 단계에서 생성한 아이디어 중 하나를 골라 초안을 작성한다.
- 통일 모델이나 문제 해결과 관련하여 아이디어를 구체적으로 표현할 방법을 선택한다.

- 구현 방법 : 포스터, UCC, 영상, 카드뉴스, 역할극, 뉴스, 캠페인 활동 등
- [활동지 4]를 활용하여 주제를 어떻게 구현할 것인지와 관련하여 간단한 계획과 예상되는 결과를 간단히 작성한다.

발표 준비

- 자신의 아이디어와 관련된 계획 및 예상 결과를 모둠원들에게 공유할 수 있도록 발표를 준비한다.

전개4 선택하기

모둠원 의견 공유 및 아이디어 초안 선정하기

- 모둠원들은 각자 자신이 작성한 아이디어 초안을 발표한다.
- 모둠 내 투표나 토론 등을 통해 모둠별 대표 아이디어 초안을 선정한다.
- 선정 기준 : 실현 가능성, 공익성, 창의성 등

선정한 아이디어 초안 구체화하기

- 서로의 의견을 조율하고 피드백을 주고 받으면서 선택된 초안을 구체화한다.

전개5 실행하기

모둠 결과물 발표하기

- 만든 결과물을 발표하고 서로 생각을 공유하는 시간을 갖는다.
- 구체화된 아이디어를 중심적으로 발표하는 한편, 아이디어 선정, 구체화 과정에서 느낀 점을 함께 공유한다.

동료 및 교사 피드백

- 청중은 발표를 경청한 후 질문을 하거나 피드백을 제공한다.
- 이 아이디어가 다른 아이들과 차별화되는 점은 무엇입니까?

모둠 결과물 재수정하기

- 청중으로부터 받은 의견을 바탕으로 구체화된 아이디어를 재수정한다.

※ 학생들의 참여도, 자발성 정도, 아이디어 구체화 정도, 완성도 등을 고려하여 **전개5** [실행하기] 단계는 여러번 반복될 수 있다. 여러 번 반복되는 과정을 통해 문제를 더 깊이 이해하고 처음보다 더 나은 해결 방안이 도출될 수 있다.

정리 학습하기

활동 성찰하기

- 본 프로젝트에 대한 각 단계에서 이루어졌던 활동 전반을 돌아본다.
- 자신의 인식 변화, 배운 점, 앞으로의 행동 계획 등에 대해 생각해본다.
- [평가지]를 활용하여 오늘 학습에 대해 동료 평가 및 자기 평가를 실시한다.

확장, 심화 학습하기

- 떠올린 아이디어 이외에도 생활 속 실천으로 확장할 수 있는 방안이나 다른 주제와 연결지을 수 있는 방안을 생각한다.
- 이후 탐색하고 싶은 새로운 질문을 떠올려 본다.

3) 활동지 및 평가지

활동지 1 **통일 인식 알아보고 탐구 문제 설정하기**

_________반　　모둠명_________________

1. 통일에 대한 나의 생각 알아보기 : 아래 제시된 문장을 자유롭게 완성해보세요.

- 나는 통일에 대해 _______________라고 생각한다.
- 통일이 되면 ________________________________ 라고 생각한다.
- 통일에 (찬성한다 / 반대한다 / 잘 모르겠다).
  그 이유는 ________________________________.

2. 서로 생각 나누기 : 모둠원들과 생각을 나눈 후, 공통되거나 흥미로운 의견을 아래에 정리해 보세요.

- 우리 모둠에서 공통적으로 나온 생각 :
- 가장 인상 깊었던 친구의 의견 :
- 새롭게 알게 된 점이나 생각이 바뀐 부분 :

3. 탐구할 문제 정하기 : 우리가 더 깊이 탐구하고 싶은 문제를 문장으로 정리해 보세요.
(예 통일이 우리 삶에 어떤 영향을 미칠까?)

활동지 2 통일 자료 조사 활동지

_________반 모둠명_________________

1. 통일과 관련된 조사 주제 정하기: 아래 주제 중 하나를 선택하거나, 모둠이 새롭게 정한 주제를 적어봅시다.

- 남북한 공통점과 차이점
- 기존의 통일 사례와 시사점
- 통일이 되면 생기는 사회 변화
- 기타 (직접 작성): ______________________________

2. 조사 계획 세우기

항목	내용
조사 이유	
조사 방법	
역할 분담	

3. 조사 내용 정리: 조사한 자료에서 중요한 내용 또는 흥미로운 사실을 정리해봅시다.

※ 공간이 부족한 경우 도화지나 A4를 별도로 제공할 것

활동지 3 아이디어 상상 및 확장 활동지

_________반 모둠명_________________

1. 브레인 라이팅을 활용하여 통일과 관련된 아이디어 떠올리기

① 나만의 아이디어를 글로 간단히 적어보세요.

② 종이를 돌려 친구가 그 아이디어를 보고 새로운 아이디어를 덧붙이게 합니다.

내 아이디어 :

↓

다른 친구 (   )의 아이디어 :

↓

다른 친구 (   )의 아이디어 :

↓

다른 친구 (   )의 아이디어 :

↓

다른 친구 (   )의 아이디어 :

↓

다른 친구 (   )의 아이디어 :

2. **스캠퍼(SCAMPER)를 활용하여 통일과 관련된 아이디어 떠올리기:** 지금까지 나온 아이디어 중 하나를 선택해서, 아래 7가지 질문으로 검토하면서 새롭고 창의적인 방안을 떠올려 봅시다.

• 다른 것으로 바꿔보면?	• 다른 곳에 활용한다면?
• 다른 아이디어나 기능과 합치면?	• 없어도 되는 요소를 삭제한다면?
• 다른 방식에 응용해보면?	• 순서를 바꾸거나 반대로 하면?
• 크기나 속성, 모양을 바꿔보면?	

활동지 4 아이디어 초안 구성 활동지

_________반 모둠명________________

1. 아이디어 선택하기: 아이디어 단계에서 나왔던 아이디어 중 가장 발전시키고 싶은 것과 그 이유를 적어봅시다.

선택한 아이디어	
그 이유	

2. 표현 방법 정하기: 아이디어를 구체화할 방법을 정하고 그 이유를 적어봅시다.

선택한 표현 방식	□ 포스터 □ 카드뉴스 □ 영상/ UCC □ 인터뷰 □ 역할극/연극 □ 캠페인 □ 기타:
그 이유	

3. 구현 결과 상상하기: 만들고자 하는 결과물을 글이나 그림으로 간단히 표현해봅시다.

※ 공간이 부족한 경우 도화지나 A4를 별도로 제공할 것

4. 예상 효과 생각하기: 구현해 낸 아이디어를 통해 사람들에게 어떤 메시지를 전달할 수 있을지 생각해봅시다.

학생평가 자신의 활동과 모둠원의 활동을 평가해 보아요

_______반 모둠명_______________

1 자기평가

1	문제를 다양한 관점에서 이해하였는가?	1 2 3 4 5
2	창의적인 아이디어를 적극적으로 제안했는가?	1 2 3 4 5
3	피드백을 바탕으로 아이디어를 발전시켰는가?	1 2 3 4 5
4	활동을 통해 나의 생각이나 태도에 변화가 있었는가?	1 2 3 4 5

※ 수업이 끝난 후에도 추가로 탐구하고 싶은 내용이 있다면 간략히 적어봅시다.

2 동료평가

1	모둠 활동에 적극적으로 참여하였는가?	1 2 3 4 5
2	모둠 내 자신의 역할에 충실히 임하였는가?	1 2 3 4 5
3	다른 사람의 의견을 잘 받아들이고, 반영하여 수정하였는가?	1 2 3 4 5
4	다른 사람의 아이디어가 발전될 수 있도록 의견을 제시하였는가?	1 2 3 4 5

참고문헌

국립통일교육원(2020), "통일은 나와 상관 없는 일이다?", https://www.uniedu.go.kr/uniedu/home/pds/pdsatcl/view.do?mid=SM00001203&limit=16&sv=%ED%86%B5%EC%9D%BC&sc=T&eqOdrby=false&eqViewYn=true&odr=news&ty=MOVIE&hd=MOV_10&ht=MOVIE&pd=MOV_10&id=20295&ty=MOVIE&vw=img&odr=news

추병완, 한은영, 김진하, 김하민, 이동현 (2024), 『변혁적 시민교육 교수법』, 서울: 한국문화사.

Glen, R., Suciu, C., & Baughn, C.(2014), "The need for design thinking in business schools", *Academy of Management Learning and Education*, 13(4), 653-667.

Johansson-Sköldberg, U., Woodilla, J., & Çetinkaya, M.(2013), "Design thinking: Past, present and possible futures", *Creativity and Innovation Management*, 22(2), 121-146.

Owen, C.(2007), "Design thinking: Notes on its nature and use", *Design Research Quarterly*, 2(1), 16-27.

Pande, M., & Bharathi, S. V.(2020), "Theoretical foundations of design thinking-A constructivism learning approach to design thinking", *Thinking Skills and Creativity*, 36, 100637.

Razzouk, R., & Shute, V.(2012), "What is design thinking and why is it important?", *Review of Educational Research*, 82(3), 330-348.

Scheer, A., Noweski, C., & Meinel, C.(2012), "Transforming constructivist learning into action: Design thinking in education", *Design and Technology Education: An International Journal*, 17(3), 8-19.

Wolniak, R.(2017), "The Design Thinking method and its stages", *Systemy wspomagania w inżynierii produkcji*, 6(6), 247-255.

Yoon, S. H.(2023), "Effects of Design Thinking Interventions on Educational Outcomes: A Meta-Analysis", *Canadian Journal of Educational and Social Studies*, 3(1), 1-20.

Hasso Plattner Institute of Design(2010), "An introduction to design thinking: Process guide", https://alnap.org/help-library/resources/an-introduction-to-design-thinking-process-guide/

찾아보기

춘천교육대학교 통일교육 총서 02

증거 기반 통일교육

1판 1쇄 발행 2025년 10월 31일

지 은 이 | 추병완 · 최윤정 · 김진하 · 이희지 · 이동현 · 전성은
펴 낸 이 | 김진수
펴 낸 곳 | 한국문화사
등　　록 | 제1994-9호
주　　소 | 서울시 성동구 아차산로49, 404호(성수동1가, 서울숲코오롱디지털타워3차)
전　　화 | 02-464-7708
팩　　스 | 02-499-0846
이 메 일 | hkm7708@daum.net
홈페이지 | http://hph.co.kr

ISBN 979-11-6919-359-7 93370